DAS KLEINE BUCH
DER GROSSEN KÜCHE

Jahraus, jahrein einfach gut essen

Rezepte **Michael Ritter**
Fotografie **Frigesch Lampelmayer**
Texte und Redaktion **Helmut Wiener**

BUCHER

»Die Entdeckung eines neuen Gerichtes macht die Menschheit glücklicher als die Entdeckung eines neuen Sterns.«

Jean Anthelme Brillat-Savarin (1755–1826)
Französischer Schriftsteller, Philosoph und Gastronomiekritiker

Inhalt

10 Kochraumzeit – Von den zwei wichtigsten Zutaten
11 Auch Haubenköche kochen nur mit Wasser – Verführung zu verfeinerter Kochkunst
13 Kochen mit dem, was es gibt – Moderne regionale Küche im Wandel der Jahreszeiten

15 **Frühjahr –** Noch grün hinter den Knospen sein
18 **Gebeizter Seesaibling mit Wildkräutersalat und Senf-Relish**
22 **Milchkalbssteak mit Bergkräutern, Polenta »Bramata« und Bohnen-Schalotten-Gemüse**
26 **Panna cotta mit Rosmarin auf Orangenragout**
32 *Polenta*
37 *Kräuter*
43 *Salatdressings*
47 *Fisch filetieren*

49 **Sommer –** Im Gemüsebeet liegen und mit dem Gaumen baumeln
52 **Geeiste, klare Tomatenessenz mit Koriander und Gemüsewürfeln**
57 **Rosa gebratener Lammrücken auf Ofengemüse mit Feigentapenade**
61 **Erdbeeren-Joghurt-Mousse mit frischer Sommerminze**
64 *Tomaten*
68 *Grillfinessen*
72 *Blechgemüse*
76 *Eingemachtes*

81 **Herbst –** Heimatliebe geht durch den Magen

85 **Pilzravioli mit Salbei-Nuss-Butter**

88 **Kartoffel-Topinambur-Püree mit Hirschragout und Apfel-Holunder-Blaukraut**

94 **Kürbiskernparfait mit Birnenkompott**

98 *Pilze*

102 *Kartoffel*

108 *Teige*

113 **Winter –** Je frischer die Nächte, desto hungriger die Gäste

116 **Berglinsen-Schaumsuppe mit Apfelbalsamessig und Waldhonig**

118 **Regenbogenforelle, Saibling und Zander im Safran-Gemüsefond**

122 **Edelbitterschokoladen-Soufflé mit Quitten-Ingwer-Confit**

126 *Suppen*

132 *Weihnachtsbäckerei*

136 *Aceto Balsamico*

140 *Wintergewürze*

143 Glossar

149 Making-of – Ein Kochbuch entsteht

153 Rezeptverzeichnis

Kochraumzeit

Von den zwei wichtigsten Zutaten

Viele Faktoren mögen dafür mitverantwortlich sein, ob ein Essen schmeckt. Zwei der wichtigsten sind der Faktor Zeit und der Faktor Umgebung. Die Zeit spielt bereits in der Küche eine wichtige Rolle. Nur wo Zeit in großzügigen Mengen als Ingrediens vorhanden ist, kann Gutes entstehen. In professionellen gehobenen Küchen versucht man, die Zeit zu überlisten, indem man ausgetüftelte Vorgehensweisen und Abläufe entwickelt. Als Privatmensch kann man davon einiges lernen, aber besser ist es, sich zum Kochen einfach Zeit zu nehmen. Erstens macht es dann noch mehr Freude, zweitens werden es die Gäste mit Jubelchören honorieren und den Ruhm von Köchin oder Koch in die weite Welt hinausposaunen.

Mindestens so wichtig ist der Faktor Zeit aber auch beim Essen. Genießer leiden selten an Gastritis, weil ihnen Essstress fremd ist. Man isst nicht gegen die Uhr, sondern schlemmt am besten gedankenverloren und glückselig jenseits des Raum-Zeit-Kontinuums. Denn wo es keine Zeit gibt, schmeckt`s am besten.

Womit wir beim zweiten wichtigen Faktor, dem Raum, sprich: der Umgebung, wären. Manche Speise, und sei sie noch so einfach, schmeckt nur an diesem einen ganz besonderen Ort so, wie sie eben schmecken soll. Meeresrauschen, eine laue Brise, ein fremdländischer Schnulzenhit, der Duft einer exotischen Vegetation – und schon betrügen uns Hirn und Gefühlswelt nach Strich und Faden. Das Banalste kann dann zur himmlischen Köstlichkeit transzendieren. Wird dem Mahl diese Begleitmusik entrissen, schmeckt es fahl und hoffnungslos, ist nur noch ein kulinarischer Schatten seiner selbst.

Bevor wir also Rezepte, Tipps und Geheimnisse auspacken, sei ans Herz gelegt, den Zutaten »Umgebung« und »Zeit« die allergrößte Sorgfalt angedeihen zu lassen. Die Zeit kann man sich forsch nehmen, um sie sich großzügig selber zu geben. Und die Umgebung kommt meist schon mit einer CD aus dem letzten Sommerurlaub in »good vibrations«. Feine Düfte aus Pfanne und Backofen tragen zudem ohnehin das Ihrige bei, um Gäste und Koch auf ein Essen einzustimmen, das man so gut schon lange nicht mehr hatte. Mahlzeit!

Auch Haubenköche kochen nur mit Wasser

Verführung zu verfeinerter Kochkunst

Die Diskrepanz zwischen exzellent essen wollen und exzellent kochen können ist manchmal zum Heulen. Doch wie ausbrechen aus der selbstzufriedenen guten Hausmanns- oder Hausfrauenkost und überwechseln zu etwas verfeinerter Küche? Und ist dieses Ausbrechen und Überwechseln überhaupt notwendig? Dieses Buch ist eine Verführung für Grenzgänger zwischen beiden Welten. Es verbindet das Einfache mit dem Sublimen. Es fordert uns keine völlig neuen Fertigkeiten ab, aber stattet uns mit Empfehlungen aus der Trickkiste von Haubenköchen aus. Denn, wohlgemerkt, auch die kochen nur mit Wasser.

Alle Rezepte auf diesen Seiten sind einfach nachzukochen. Manche erfordern vielleicht etwas mehr Zeit und Geduld, vielleicht auch mal einen Probelauf, bevor Gäste damit betört werden sollen. Aber viele davon sorgen mit erstaunlich geringem Aufwand für eindrucksvolle kulinarische Verzückungen. Mit Minimalem perfekte Resultate erzielen, das ist ein Credo dieses Buches.

Nachkochen können ist wichtig, denn Nachkochen ist die Vorstufe zu eigenständigem Kochen. Damit alle Rezepte in diesem Buch problemlos nachgekocht werden können, sind sie mit detaillierten Mengenangaben und exaktem Ablauf dargelegt. Eigentlich logisch. Allerdings wollen wir zu bedenken geben: Auch wenn noch so grammgenau beschrieben wird – die Ergebnisse werden sich meist unterscheiden.

»Schuld« daran sind Umstände, die eigentlich nie wirklich »gleich« sein können: Die Beschaffenheit der Zutaten variiert gigantisch, eine Forelle kann von Bach zu Bach anders schmecken, genauso unterscheiden sich oft »gleiche« Öle, Früchte, Gewürze ... Am Gaskochfeld werden andere Ergebnisse erzielt als auf Induktionsplatten, im Umluftbackofen andere als im gewöhnlichen Elektrobackrohr etc. – Punktum: exakt nachkochen ist sowieso unmöglich.

Das soll aber kein Grund zur Verzweiflung sein. Denn sind es nicht die Variationen, die das Essen so interessant machen? Wobei wir bei einem weiteren zentralen Thema wären. Denn dieses Buch will auch besonders zum Variieren und zum kreativen Kochen verführen.

Dafür sind eine Reihe von Variantenvorschlägen, Tipps sowie Informationen zu Qualität und Herkunft der verwendeten Zutaten und Rohstoffe angeführt. Wobei zu Letzterem ganz einfach zu sagen ist: je natürlicher und je frischer, desto schmackhafter. Mit Fleisch vom Biobauern, heimischem Obst und Gemüse sowie Kräutern vom eigenen Fensterbrett ist man normalerweise bestens bedient. Bei Ölen, Essigen, exotischen Gewürzen und Zutaten wird die Auswahl schon schwieriger. Nur keine Sorge: Zu den einzelnen Rezepten finden sich zahlreiche Tipps und die Zutaten sind in optimaler Qualität in Mitteleuropa erhältlich.

Kochen mit dem, was es gibt

Moderne regionale Küche im Wandel der Jahreszeiten

Die Zusammenstellung der Rezepte folgt – neben den eingangs erwähnten Überlegungen – zwei Richtlinien, die uns sehr wichtig sind: 1. Die Zutaten sollen vorwiegend aus der Umgebung kommen, wir konzentrieren uns daher auf mitteleuropäische Küche, die leicht interferiert wird von mediterranen und asiatischen Einflüssen. 2. Die Zutaten sollen dem saisonalen Angebot entsprechen, also man kocht z. B. im Frühjahr, was im Frühjahr regional verfügbar ist, und vermeidet Zutaten, die um die halbe Welt in unseren Kochtopf reisen müssen.

Beide Richtlinien lassen sich auf einen Grund zurückführen: Frische Ware schmeckt einfach besser. Was transportiert, importiert, konserviert wurde, verliert an Aroma und Charakter (So wird der Feinschmecker, ob er will oder nicht, auch noch zum Klimaschützer und Globalisierungskritiker).

Wir wollten aber nicht einfach eine Aneinanderreihung von regionalen Saisonrezepten, sondern wir denken in Kompositionen. Für jede Jahreszeit haben wir uns deshalb ein komplettes Menü ausgedacht, Vorspeise, Hauptspeise, Dessert. Diese Menüs bilden das Rückgrat des Buches. Die Komponenten können natürlich auch einzeln gezaubert und beliebig mit anderem kombiniert werden. Auch dafür gibt es Anregungen und weitere Rezepte.

Das Denken in Menüs praktiziert unser Koch auch in seinem eigenen Lokal und bietet täglich ein Menü mit minimaler Variantenwahl an (neben einer Handvoll Speisen für den kleinen Appetit, so viel Inkonsequenz sei erlaubt). Dass dadurch die Speisekarte erheblich geschrumpft ist, hat manchen Gästen anfangs nicht so behagt. Doch die Entbindung von der Qual der Wahl und das Anbieten von nur einem, dafür umso exquisiteren Menü pro Tag, das auch noch zu einem erfreulichen Preis angeboten werden kann, hat mittlerweile die meisten überzeugt. Diese Art von kulinarischer Dienstleistung hat in Italien Tradition. Dort gibt es in vielen Lokalen gar keine Speisekarte und es wird geradezu sprichwörtlich gegessen, was auf den Tisch kommt.

Diese »Ein-Menü-Philosophie« findet sich also in diesem Buch wieder. Was sich ebenfalls wiederfindet, ist das, was unser Koch in seinen speziellen Kochkursen praktiziert: Die Anstiftung zum Variantenreichtum. Das manifestiert sich in zusätzlichen Ideen zur jeweiligen Saison, in Tipps und darin, wie Rezepte abgeändert werden können. Nun aber an die Schürzen!, Hauben!, Los!

Frühjahr

Noch grün hinter den Knospen sein

Der Frühling schmeckt frisch. Sind die letzten muffligen Vorräte des Winters aufgebraucht, stürzt sich der Mensch auf alles, was die Erde zwischen den letzten Resten des Schnees bereits hervorbringt. Wenn auch vieles davon eher frühreif als reif mundet; es mundet allein schon darum, weil es jung und neu ist.

Mehr noch, der Frühling ist der Inbegriff des Jungen und Neuen. Jetzt spürt selbst Methusalem Jugendlichkeit in seinen spröden Knochen. Frühlingsgefühle machen sich breit, und mit jedem Bissen steigen Appetit, Hoffnung und Hormonspiegel.

Alles, was auf den Tisch und vom Tisch in den Schlund kommt, scheint nun halluzinogen und aphrodisisch zu wirken. Nichts ist zu sauer, zu scharf, zu trocken, zu saftig, zu süß, zu herb, zu salzig, zu fad. Ausnahmslos senden die ausgehungerten Geschmacksnerven Wonnesignale in die Gehirnzentrale. Und von dort wer weiß wohin.

Der Sieg über die Herrschaft des Winters wird mit jedem Tag gewisser. Seine Götzenbilder schmelzen in der täglich stärker scheinenden Sonne und die Siegesfahnen des Frühlings wehen in Form von Blüten über die Felder und als befreiende Gerüche aus Küchen und Kochtöpfen.

Schwärmerische Aufbruchstimmung empfindet nun auch der zutiefst Emotionslose, zupft sich eine Frühzwiebel aus dem Beet und verspeist sie mit Zuversicht auf ein kulinarisch-sättigendes Jahr.

Frühlingsmenü

Gebeizter Seesaibling mit Wildkräutersalat
und Senf-Relish

Milchkalbssteak mit Bergkräutern, Polenta »Bramata«
und Bohnen-Schalotten-Gemüse

Panna cotta mit Rosmarin auf Orangenragout

Gebeizter Seesaibling mit Wildkräutersalat und Senf-Relish

2 Saiblingsfilets à ca. 160 g, entgrätet mit Haut
1 EL Wacholderbeeren
Je 1 TL Fenchelsamen, Senfkörner und Korianderkörner
1 Schuss trockener Wermut
Frische Kräuter (Dill, Zitronenthymian, Blattpetersilie)
50 g feines Meersalz
3 EL Zucker
Abgeriebene Schale von je 1 unbehandelten Zitrone und Orange

Gebeizter Seesaibling
1. Die Gewürze in einer beschichteten Pfanne leicht anrösten, bis ein angenehmer Duft aufsteigt.
2. Danach die Gewürze im Mörser fein zerstampfen. Mit Meersalz und Zucker mischen und die mit einem scharfen Messer fein geschnittenen Kräuter und Zitrusschalen darunter mengen.
3. Die Saiblingsfilets mit der Haut nach unten in ein passendes Geschirr legen und mit dem Wermut beträufeln – danach mit der Salz-Kräuter-Mischung bedecken.
4. Die Filets mit einer Klarsichtfolie abdecken und über Nacht ca. 12 Stunden beizen lassen.
5. Am nächsten Tag die Filets aus der Beize nehmen und vorsichtig abschaben.
6. Am besten in Klarsichtfolie gewickelt noch 1 bis 2 Stunden ruhen lassen.
7. Mit einem sehr scharfen Messer schräg in dünne Scheiben schneiden und mit dem Salat und dem Relish anrichten.

Tipps

Andere Fische: Sie können auch andere Fische für dieses Rezept verwenden wie z. B. Felchen, Forelle, Lachs und Zander.

Beizdauer: Ca. 12 Stunden, je nach Größe der Fischfilets dauert das Beizen kürzer oder länger.

Kräuter variieren: Spielen Sie mit der Zusammensetzung der Kräuter und Gewürze je nach Vorlieben und vorhandenen Zutaten. Zum Beispiel: asiatisch mit Blattkoriander, Zitronengras, rosa Pfeffer, Ingwer und Limettenschalen.

Wildkräutersalat

Für den Wildkräutersalat eignen sich hervorragend Bärlauch, Löwenzahn, Kresse, Rucola und Sauerampfer, Kerbel, Kohlrabiblätter und Rote-Beete-Blättchen.

Zitronenvinaigrette

100 ml lauwarme Gemüsebrühe
2 EL Zitronensaft
1/2 TL scharfer Senf
4 EL mildes Olivenöl
Salz, Pfeffer, Zucker

1. Brühe mit Zitronensaft und Senf verrühren.
2. Olivenöl erst tropfenweise, dann zügiger einrühren.
3. Mit Salz, Pfeffer und Zucker abschmecken.
4. Prüfen Sie das Dressing, indem Sie ein Salatblatt eintauchen und kosten, ob noch etwas fehlt.

Senf-Relish

200 g Crème fraîche
4 EL Milch
1 TL feiner Dijon-Senf
1 TL grober Dijon-Senf
2 TL süßer Senf
2 Spritzer Zitronensaft
Salz und Cayennepfeffer

Alle Zutaten einfach miteinander vermengen, fertig!

Milchkalbssteak mit Bergkräutern, Polenta »Bramata« und Bohnen-Schalotten-Gemüse

4 Milchkalbssteaks à 180 g (1/2 Stunde vorher aus dem Kühlschrank nehmen und Zimmertemperatur annehmenlassen)
3 EL Olivenöl
Mittelgrobes Meersalz
Korianderkörner grob geschrotet
2 Streifen unbehandelte Zitronenschale
2 Zehen junger Knoblauch, leicht angedrückt
Salbei, Rosmarin, Thymian
Butter

Milchkalbssteak mit Bergkräutern

1. Steaks mit Salz und Koriander würzen.
2. Bei mittlerer Hitze in Öl von beiden Seiten gefühlvoll anbraten.
3. Hitze etwas erhöhen, frische Butter mit Kräutern, Knoblauch und Zitronenschalen zum Steak geben und aufschäumen lassen.
4. Fleisch ständig mit der aufgeschäumten Butter begießen und dabei darauf achten, dass die Hitze nicht zu hoch ist und die Kräuter nicht verbrennen.
5. Fleisch auf ein Gitter legen, das auf einem Abtropfblech steht.
6. Die braune Butter mit den Kräutern aus der Pfanne über das Fleisch gießen und in den auf 100 °C vorgeheizten Ofen schieben.
7. 35 bis 45 Minuten im Ofen rosa garen (Kerntemperatur 60 °C).
8. Einmal wenden.

1/2 l Geflügelfond
1/4 l Sahne
125 g Polenta mittelfein (Bramata)
3 Schalotten oder 1 Gemüsezwiebel geschält
2 junge Knoblauchzehen leicht angedrückt
Thymian- und Rosmarinzweige
Safranpulver, Salz und Muskat

Polenta »Bramata«

1. Grob geschnittene Schalotten mit Knoblauch in etwas Olivenöl glasig anschwitzen.
2. Geflügelfond, Sahne und Kräuter dazugeben.
3. Mit Salz, frisch geriebener Muskatnuss und etwas Safranpulver würzen.
4. Kurz aufkochen lassen und neben dem Herd 10 Minuten ziehen lassen.
5. Alles durch ein Sieb in einen Topf abseihen und die Polenta unter ständigem Rühren einrieseln lassen.
6. Kurz aufkochen und zugedeckt auf kleinster Flamme 1/2 Stunde quellen lassen.
7. Danach nochmals kräftig mit dem Schneebesen einrühren und abgedeckt warm halten.
8. Vor dem Anrichten 3 bis 4 EL Sahne unterheben und eventuell nochmals nachschmecken.
9. Mit einem zuvor in heißes Wasser getauchten Löffel schöne Nockerln von der Polenta abstechen und mit dem Steak auf Tellern anrichten.

8 Schalotten
600 g grüne Bohnen geputzt
Salz
Frisch gemahlener Pfeffer
Frisches Bohnenkraut oder Thymianblättchen
Gesalzenes Mineralwasser oder Gemüsebrühe
Butter
Olivenöl

Bohnen-Schalotten-Gemüse

1. Bohnen in gut gesalzenem Wasser nicht zu weich kochen.
2. In Eiswasser abschrecken. In ein Sieb geben und gut abtropfen lassen.
3. Zwiebeln bei mittlerer Hitze in etwas Olivenöl und Butter glasig andünsten.
4. Mit etwas Mineralwasser und Gemüsefond aufgießen und leicht salzen.
5. Wenn die Zwiebeln weich sind, Bohnen dazugeben.
6. Mit Salz und Pfeffer würzen und alles richtig gut erhitzen.
7. Gehacktes Bohnenkraut oder Thymian dazugeben – kurz durchschwenken und anrichten.

Panna cotta mit Rosmarin auf Orangenragout

1/2 l Milch
1/4 l Sahne
4 Rosmarinzweige
1 Vanilleschote, der Länge nach halbiert
75 g Zucker
Prise Salz
5 Gelatineblätter
160 g nicht zu fest geschlagene Sahne
Abgeriebene Schale einer 1/2 Orange
4 schöne Minzezweige für die Garnitur

Panna cotta mit Rosmarin

1. Milch, Sahne, Rosmarin, Vanille, Zucker und Salz aufkochen.
2. Orangenschale dazugeben und neben dem Herd 15 Minuten ziehen lassen.
3. Gelatine in kaltem Wasser einweichen, gut ausdrücken und beiseite stellen.
4. Milch-Sahne-Gemisch durch ein feines Sieb passieren und die Gelatine darin auflösen. Auf Eiswasser setzen und kaltrühren.
5. Wenn die Masse beginnt, fest zu werden, erst die Hälfte der geschlagenen Sahne und danach den Rest unterheben.
6. In schöne Gläser füllen und abgedeckt kalt stellen.

Filets von 3 Orangen
Saft von 3 Orangen
3 EL brauner Zucker
2 Stück Sternanis
1 Vanilleschote
1/2 Zimtstange
1 kleines Lorbeerblatt
1 Messerspitze Puddingpulver
1 Schuss Orangenlikör »Grand Manier«
1 EL Orangenzesten (blanchieren, also kurz in Wasser aufkochen) zum Dekorieren

Orangenragout

1. Orangensaft mit Zucker und Gewürzen etwas einkochen.
2. 15 Minuten ziehen lassen und durch ein feines Sieb abseihen.
3. Aufkochen und mit etwas angerührtem Puddingpulver binden – ca. 2 Minuten köcheln lassen, damit die Stärke auskochen kann.
4. Über die Orangenfilets gießen und mit etwas Orangenlikör »Grand Manier« abschmecken.
5. Erkalten und durchziehen lassen.
6. Je einen Löffel des Orangenragouts auf die in Gläser gefüllte Panna cotta gießen.

Polenta

Polenta wird auch aus Buchweizen hergestellt, aber normalerweise versteht man heute darunter die gelbe Maispolenta. Sie ist ein idealer Begleiter zu Fleischgerichten mit viel Sauce, kann aber auch als vegetarisches Gericht mit ein bisschen Olivenöl, Parmesan und eventuell getrocknetem Gemüse oder sautierten Pilzen serviert werden.

Unterschieden wird Polenta nach ihrem Mahlgrad, der wie beim Mehl von fein bis grob reicht. Feine Polenta findet vor allem zum Backen oder für Schnitten, grobes Polentagrieß für sämige Polenta Verwendung. Letztere wird ähnlich wie Risotto zubereitet und hat dieselbe Konsistenz.

Sämige Polenta

1 l Gemüsefond
1/2 l Sahne
250 g Polenta »Bramata« (grobe Polenta)
1 EL geriebener Parmesan
20 g Butter
1 EL Olivenöl

1. Gemüsefond mit der Sahne aufkochen.
2. Polenta einrühren und ca. 1/2 Stunde auf kleiner Flamme kochen, dabei immer wieder umrühren.
3. Abschließend wie beim Risotto kalte Butter, Parmesan und Olivenöl einrühren.

Gebratene Polentaschnitten

900 ml Milch
165 g Polenta, mittel oder grob
60 g Butter
1 EL geriebener Parmesan
1 EL Olivenöl
Salz
Pfeffer aus der Mühle

1. Die Milch aufkochen lassen und würzen.
2. Butter und Polenta einrühren und ca. 1/2 Stunde auf kleiner Flamme kochen.
3. Die Polenta auf ein mit Backpapier ausgelegtes Backblech streichen und erkalten lassen.
4. Sobald die Polenta kalt ist, lässt sie sich schneiden wie ein Kuchen: Dreiecke ausschneiden und in einer Pfanne mit reichlich Olivenöl oder auf dem Grill anbraten.

Tipp

Gebratene Polentaschnitten sind ideal zum Grillen. Am Vortag vorbereitet, machen sie anschließend kaum mehr Arbeit und sind als Beilage eine willkommene Abwechslung.

Zaletti

2 EL Rosinen
2 cl Grappa
1/4 l Milch
100 g Butter
250 g Polentamehl (fein), auch Maismehl genannt
100 g Weizenmehl
1/2 Päckchen Backpulver
Prise Meersalz
120 g Zucker
25 g Vanillezucker

Zaletti sind ein kleines Maisgebäck aus Italien, das auch als Frühstücksgebäck oder mit einem Sorbet als edles Dessert serviert werden kann.

1. Die Rosinen ca. 10 – 15 Minuten in Grappa einlegen.
2. Mit den restlichen Zutaten vermengen.
3. In Form von kleinen Hügeln auf ein Backpapier legen.
4. Ca. 20 Minuten bei 180 °C backen.

Kräuter

Kräuter geben vielen Gerichten den letzten Schliff. Sie sind imstande, elegant zu verfeinern, können aber auch zu intensiv sein; Fingerspitzengefühl ist also gefragt. Ideal ist, sich einen eigenen kleinen Kräutergarten anzulegen: das geht auch in Blumentöpfen in der Küche oder am Fensterbrett. Denn frische Kräuter sind viel aromatischer als tiefgefrorene oder getrocknete.

Dill

Melisse

Lorbeer

Lavendel

Liebstöckel

Oregano

Thymian

Salbei

Rosmarin

50 g Butter
60 g Schalotten
400 g Risottoreis
150 ml Weißwein
1 l Gemüsebrühe
200 g frische Kräuter der Saison, z. B. Petersilie, Liebstöckel, Thymian, Rosmarin, Schnittlauch, Estragon, Salbei
Etwas Parmesan

Kräuterrisotto

1. Schalotten würfeln.
2. In einem großen Topf 20 g Butter zergehen lassen.
3. Schalottenwürfel darin anschwitzen (ohne Farbe).
4. Reis bei mittlerer Hitze dazugeben und unter ständigem Rühren die Körner mitschwitzen, bis sie glasig werden.
5. Mit Weißwein ablöschen und bei mittlerer Hitze weiterrühren, bis der Reis die Flüssigkeit weitgehend aufgenommen hat.
6. Separat erhitzte Gemüsebrühe dazugeben und dabei ständig rühren. Erst nachgießen, wenn die Brühe fast aufgesogen ist.
7. 12 bis 15 Minuten fertig kochen, salzen.
8. Kräuter hacken und einrühren.
9. 30 g Butter und frisch geriebenen Parmesan untermischen.

Kräuterpesto

1/4 l Olivenöl extra vergine
50 g Parmesan
30 g geröstete Pinienkerne
Prise Meersalz
Frischer Pfeffer aus der Mühle
Cayennepfeffer
1 Knoblauchzehe
Zitronenzesten
100 g gezupfte Basilikumblätter
50 g Blattpetersilie
20 ml Rotweinessig

1. Alle Zutaten in einer Moulinette oder mit dem Stabmixer fein mixen.
2. In Gläser abfüllen und 1/2 Stunde stehen lassen.
3. Nochmals Olivenöl darüber gießen, bis das ganze Pesto bedeckt ist – dies verhindert Schimmelbildung.
4. Im Kühlschrank oder im Keller dunkel lagern.

Kräuterschaumsuppe

4 Schalotten
1 l Geflügel- oder Gemüsefond
1/8 l Weißwein
25 ml Noilly Prat (ein französischer Wermut)
200 ml Sahne
40 g kalte Butter
1 Knoblauchzehe
150 g Kräuter der Saison, z. B. Petersilie, Kerbel, Dill, Brennnessel, Sauerampfer, Basilikum, Schnittlauch
Salz
Frischer Pfeffer aus der Mühle
Prise Muskatnuss
Olivenöl

1. Schalotten vierteln und Knoblauch würfelig schneiden.
2. Butter in einem großen Topf zergehen lassen.
3. Schalotten und Knoblauch glasig anschwitzen.
4. Mit Weißwein und Noilly Prat ablöschen und kurz einköcheln lassen.
5. Sahne und Geflügel- oder Gemüsefond dazugeben und zugedeckt ca. 1/2 Stunde köcheln lassen.
6. Alles mit einem Stabmixer pürieren und durch ein Sieb passieren.
7. Kurz vor dem Servieren Suppe abschmecken, aufkochen und die frischen Kräuter mit dem Stabmixer zerkleinern und unterrühren.
8. Einen Schuss gutes Olivenöl dazugeben und servieren.

Salatdressings

Dressings machen Salate zur Delikatesse in der Frühlings- und Sommerküche. Die Grundsalate können gemeinsam mit Grillgerichten, Fisch oder Meeresfrüchten auch als Hauptspeisen serviert werden. Wichtig bei den Salatdressings sind vor allem die Grundzutaten: verwendet man guten Essig und gutes Öl, dann kann nicht viel schiefgehen.

Basismischverhältnisse
Blattsalate: *1 Teil Essig, 2 Teile Öl, Salz und Zucker nach Bedarf.*
Gemüsesalate: *1 Teil Essig, 1 Teil Öl, Salz, Pfeffer.*
Diätsalate: *Keimöl, Limonensaft, Diätsalz.*

Die folgenden Rezepte sind für kleine Vorratsmengen ausgelegt, die man in verschließbare Flaschen abfüllen kann und die sich je nach Zutat (ohne rohe Eier) ein bis zwei Wochen im Kühlschrank frisch halten lassen.

Italian Dressing: *1/4 l Sherryessig, 1/4 l Balsamicoessig, 1/8 l Apfelessig, 1/8 l Weißweinessig, 1 l Suppe, 1 l Olivenöl extra vergine, Meersalz, frischer Pfeffer aus der Mühle.*
French Dressing: *4 EL Weißweinessig, 2 Zwiebeln, 1 Knoblauchzehe, Sahne, Salz, frischer Pfeffer aus der Mühle, 2 Eigelb, Senf, Sonnenblumenöl.*
Joghurtdressing: *4 Teile Joghurt, 1 Teil frischer Orangensaft, 1 Schuss Limonensaft, Salz, frischer Pfeffer aus der Mühle, Zucker.*
Kräuterdressing: *1 Teil Apfelessig, 2 Teile Sonnenblumenöl, Salz, frischer Pfeffer aus der Mühle, frische Kräuter: Petersilie, Schnittlauch, Kerbel, Fenchelkraut, Estragon, Brunnenkresse ...*
Gorgonzoladressing: *4 EL Apfelessig aus dem Fass, 4 EL Joghurt, Walnussöl, Salz, Pfeffer, frische Petersilie, 2 EL Gorgonzola dolce.*
Feigensenfdressing: *2 EL mittelscharfer Senf, 2 EL Mayonnaise, 50 ml Rotweinessig, 100 ml Geflügelfond, 6 EL Tessiner Feigensenf, Prise Salz, Prise weißer Pfeffer, 4 EL Sonnenblumenöl, 2 EL Olivenöl.*
Caesar`s Dressing: *2 EL Weißweinessig, 1 EL gewürfelte Zwiebeln, 1 TL gehackter Knoblauch, 1 EL geriebener Parmesan, 1 TL Senf, 1 Eigelb (ersatzweise 1 EL Mayonnaise), Salz, Pfeffer, Sahne.*
Vinaigrette: *200 ml Geflügelfond, 1 Thymianzweig, 1 Estragonzweig, 3 Schalotten, 4 EL Walnussöl, 4 EL Distelöl, 4 EL Traubenkernöl, 2 EL weißer Sherryessig, 1 TL Aceto Balsamico, 2 EL Sherry (medium), 1/2 TL Senf, Prise Zucker, Salz, weißer Pfeffer.*
Sesamöl-Dressing: *1 EL dunkles Sesamöl, 2 EL Rotweinessig, 2 EL Aceto Balsamico, 1 Stange Zitronengras, 2 Limettenblätter, 50 ml Geflügelfond, 1/2 Chilischote, Pfeffer, Salz, Koriander, 4 EL Sonnenblumenöl.*
Essige, Geflügelfond und Gewürze in einem kleinen Topf auf dem Herd ca. 10 Minuten reduzieren, erkalten lassen und danach mit dem Stabmixer Sonnenblumen- und Sesamöl einrühren, bis das Dressing bindet.
Sollte das Dressing sich beim Lagern wieder trennen, einfach erneut mit dem Mixstab umrühren.

Fisch filetieren

Ausgangsprodukt sind Fische, die bereits ausgenommen und geschuppt sind.

1. Fische mit kaltem Wasser abspülen.
2. Mit einem Küchenpapier trocknen.
3. Die Flossen mit einer Fisch- oder Geflügelschere abtrennen.
4. Entlang des Rückgrats vom Kopf her das Filet abtrennen.
5. Die zwei abgetrennten Filets mit einer Pinzette entgräten.
6. Man kann das Filet bei Bedarf häuten – hierfür am Filetende einschneiden, die Haut festhalten und mit dem Messer das Filet von der Haut abtrennen.
7. Die Filets mit Zitronensaft, Salz und weißem Pfeffer würzen und direkt weiterverarbeiten (dämpfen, braten, pochieren ...).

Tipp

Die Qualität bzw. Frische eines Fisches lässt sich gut an klaren, glänzenden Augen und an der dunkelroten Färbung der Kiemen erkennen.

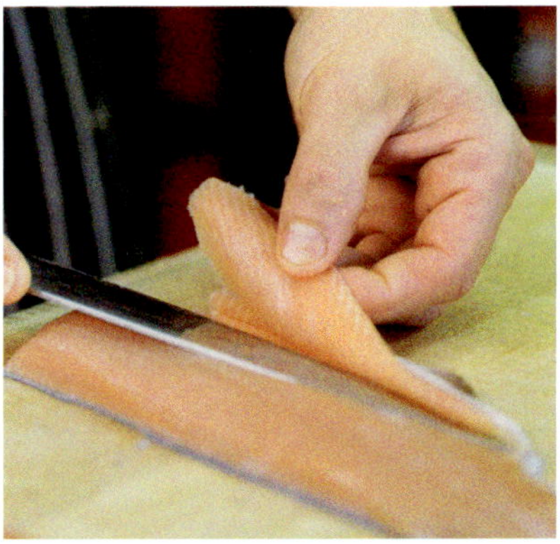

Sommer

Im Gemüsebeet liegen und mit dem Gaumen baumeln

Wie anders das Leben doch im Sommer ist. Die meiste Last der Kleidung fällt vom Körper und je nachdem umwehen zart laue Brisen unsere Haut, brennt Sonne auf sie, umgibt sie schwüle, feuchtwarme Luft. Das, was einerseits uns Menschen schwitzen und bräunen lässt, bringt anderseits Flora und Fauna zum Gedeihen.

Üppig hängen die Früchte an den Bäumen, prächtig jungen Federvieh, Schwein, Rind, Schaf und setzen Fleisch an, legen Eier, geben Milch. Die Welt wird für kurze Zeit im Jahr zum Garten Eden.

Wer jetzt nicht der Versuchung unterliegt, ein Feuerchen zu entfachen, um all diese Herrlichkeit in noch schmackhaftere Lustbarkeiten zu verwandeln, dem ist auch nicht mehr zu helfen. Eine harte Zeit für Asketen. Aber die Blüte der Hedonisten. Denn wer nach Sinnenlust und Genuss strebt, ist im Sommer gut bedient.

Und damit Hitze, Schwüle oder Trockenheit nicht zu viel des Guten werden, erfanden weise Mitmenschen erquickende Mittel zur Linderung: prickelnde Getränke und erfrischende Bäder sowie delikate Speisen, die statt mit Hitze mit Kälte zubereitet werden. Hoch lebe der Erfindergeist des Homo sapiens, der selbst vor übermäßigen Wonnen nicht kapituliert!

Sommermenü

Geeiste, klare Tomatenessenz mit Koriander
und Gemüsewürfeln

Rosa gebratener Lammrücken auf Ofengemüse
mit Feigentapenade

Erdbeeren-Joghurt-Mousse mit frischer Bergminze

Geeiste, klare Tomatenessenz mit Koriander und Gemüsewürfeln

2,5 kg vollreife Gartentomaten
Prise Meersalz
2 EL Weißweinessig
4 feste Fleischtomaten
2 EL Olivenöl extra vergine
2 Rosmarinzweige
2 Thymianzweige
2 Basilikumzweige
1 Karotte
1 Gelbe Rübe
1 kleine Sellerie
1 kleiner Lauch
2 Stängel Koriander
Zitronenzesten

1. Die vollreifen Tomaten vierteln und in ein Abseihtuch geben.
2. Durch langsames Drehen des Halses rinnt ein klarer Tomatensaft aus dem Tuch.
3. Diese feine Essenz in einem Behälter sammeln und über Nacht kühl stellen (4 °C).

Tipp

Wenn es schnell gehen muss, ca. 1 Stunde in den Gefrierschrank stellen.

4. Karotte, Gelbe Rübe, Sellerie und Lauch schälen und in feine Streifen schneiden.
5. Kurz in gut gesalzenem Wasser kochen und sofort in Eiswasser abschrecken.
6. Für die Einlage die blanchierten Gemüsestreifen in kleine Würfel schneiden und zur Seite stellen.
7. Fleischtomaten an der Spitze einschneiden, 15 Sekunden in kochendes Wasser eintauchen und dann sofort in Eiswasser legen.
8. Die Haut löst sich so fast von selbst und der Rest kann abgezogen werden.
9. Tomaten vierteln und entkernen – übrig bleibt nur das Tomatenfleisch.
10. Tomatenfleisch mit Olivenöl, Zitronenzesten, Meersalz und Kräutern marinieren.
11. Ca. 3 Stunden bei 80 °C im Ofen trocknen.
12. Die geeiste Tomatenessenz kurz mit Salz und Weißweinessig abschmecken und in einem vorgekühlten Teller mit dem Gemüse, den Ofentomaten und ein paar Korianderblättern anrichten.

Tipp

Wunderbar passen auch gebratene Scampi oder Fisch in diese Essenz.

Rosa gebratener Lammrücken auf Ofengemüse mit Feigentapenade

2 Lammracks mit Knochen (ca. 700 bis 800 g)
2 Rosmarinzweige
2 Thymianzweige
2 EL Olivenöl
20 g Butter
Prise Meersalz
Prise schwarzer Pfeffer
Prise gemahlener Koriander
2 Knoblauchzehen

Rosa gebratener Lammrücken

1. Lammracks zuputzen und Knochen abschaben.
2. Mit den Gewürzen einreiben.
3. In einer ofenfesten Pfanne Olivenöl erhitzen.
4. Die Lammracks beidseitig scharf anbraten.
5. Butter dazugeben und mit Kräutern und Knoblauch verfeinern.
6. Das Fleisch ein paarmal mit Butter übergießen.
7. Auf einem Gitter ca. 15 Minuten bei 170 °C im Ofen ziehen lassen.
8. Anschließend dem Fleisch 5 Minuten bei 80 °C Ruhe gönnen. Hierbei entspannt sich das Fleisch nochmals und wird butterzart.
9. Racks in Koteletts schneiden und mit dem Ofengemüse und der Tapenade anrichten.

Ofengemüse

1 Zucchinetti
Je 1 Paprika rot und gelb
1 Aubergine
2 kleine Fenchelknollen
3 Knoblauchzehen
2 kleine rote Zwiebeln
16 kleine Kartoffeln (Heurige mit dünner Schale)
Prise Meersalz
Prise schwarzer Pfeffer
Zitronenzesten
4 EL Olivenöl
1 TL Fenchelsamen
2 Rosmarinzweige
2 Thymianzweige
1 Salbeizweig

1. Gemüse zuputzen und ohne Kerne in gleich große Stücke schneiden.
2. Kartoffeln vierteln.
3. Gemüse und Kartoffeln mit Olivenöl und Gewürzen vermischen.
4. Alles auf ein Backblech geben, Kräuterzweige und Knoblauch darauf legen und mit Olivenöl beträufeln.
5. Ca. 1/2 Stunde bei 200 °C ins Backrohr.
6. Sobald das Gemüse schön braun ist, herausnehmen und anrichten.

Tipp

Um eine optimale Bräunung zu erreichen, garen Sie die Kartoffeln und das restliche Gemüse separat.

Feigentapenade

500 g frische Feigen
300 ml roter Portwein
Prise Meersalz
Prise schwarzer Pfeffer
Prise gemahlener Koriander
1 EL Lavendelhonig
1 Messerspitze zerdrückte Nelken
1 Messerspitze zerdrückte Pimentkörner

1. Feigen mit allen Zutaten vermischen.
2. Auf kleiner Flamme ca. 3 Stunden kochen.
3. Danach die Masse mit dem Mixstab passieren.
4. Nochmals vorsichtig aufkochen.
5. In ausgekochte Einmachgläser füllen und ca. 2 Tage ziehen lassen.

Tipp

Machen Sie gleich mehr von dieser Tapenade, sie eignet sich hervorragend zu Käse und allen gebratenen Fleischsorten. Bei kühler Kellertemperatur ist sie im Einmachglas monatelang haltbar.

Erdbeeren-Joghurt-Mousse mit frischer Sommerminze

4 Gelatineblätter
200 g passierte und pürierte Erdbeeren
50 g Crème fraîche
Saft von 1 Zitrone
260 ml Sahne
80 g Staubzucker

Erdbeermousse
1. Gelatine in kaltem Wasser ca. 5 Minuten einweichen, bis sie weich ist.
2. Anschließend in einer Pfanne kurz erhitzen, bis sich die Gelatine verflüssigt.
3. Gelatine mit Erdbeermark, Zitronensaft, Staubzucker und Crème fraîche verrühren.
4. Sahne aufschlagen und unterheben.
5. In Gläser füllen und in den Kühlschrank stellen.

200 g Naturjoghurt
Saft von 1 Zitrone
80 g Staubzucker
4 Gelatineblätter
260 ml Sahne
1 Eiklar
25 g feiner Kristallzucker

Joghurtmousse
1. Gelatine in kaltem Wasser ca. 5 Minuten einweichen, bis sie weich ist.
2. Anschließend kurz erhitzen, bis sie sich verflüssigt.
3. Joghurt mit Staubzucker, Zitronensaft und Kristallzucker verrühren.
4. Warme Gelatine einrühren.
5. Eiklar zu Schaum schlagen und unterheben.
6. Sahne ebenfalls cremig schlagen und vorsichtig unterheben.

Beides anrichten
1. Die Joghurtmasse auf die gekühlte Erdbeermasse geben (nicht vermischen!) und wiederum kühl stellen.
2. Das Ganze ca. 1/2 Stunde im Kühlschrank ziehen lassen und mit frischer Sommerminze anrichten.

Tomaten

Bei den Italienern ist die Tomate sicherlich das beliebteste und am häufigsten verwendete Gemüse. Weltweit existieren etwa 5.000 verschiedene Sorten dieser mittlerweile als typisch mediterran geltenden Frucht. Doch das ist sie von ihrem Ursprung her keineswegs.

Denn die Tomate kam im 16. Jahrhundert aus der neuen Welt nach Europa. Allerdings blieben ihr die Küchentüren noch 200 Jahre verschlossen. Im Königreich Neapel hielt man diese roten Beeren zeitweise sogar für giftig und kultivierte sie nur als exotische Zierpflanze. Erst gegen 1750 zogen die Stauden in die Gemüsegärten um, nachdem man erkannt hatte, dass der aromatische »pomo d'oro« – wörtlich: Goldapfel – sich hervorragend in die kulinarischen Traditionen am Fuße des Vesuv eingliedern ließ.

Damit war der Weg für den Siegeszug der Tomate geebnet. Anfangs belächelt, gehört sie heute zu den mächtigsten Gemüsen der Welt. Sie ist die Königin der mediterranen Küche, Arbeitgeberin für Millionen von Menschen und damit ein wichtiger Motor der sonst eher lahmenden Wirtschaft Süditaliens.

8 längliche Strauchtomaten
3 EL Olivenöl
Prise Meersalz grob
Schwarzer Pfeffer aus der Mühle
Koriander gemahlen
Zitronenzesten
1 Knoblauchzehe
4 EL gehackte frische Kräuter (Thymian, Rosmarin, Basilikum, Petersilie)

Ofentomaten

1. Strunk entfernen und Tomaten kreuzweise einschneiden.
2. Topf mit Wasser zum Kochen bringen und Tomaten 15 Sekunden hineingeben.
3. Sofort in Eiswasser (Wasser mit Eiswürfeln) abschrecken und 2 bis 3 Minuten ruhen lassen. Dadurch schälen sich die Tomaten fast von selbst.
4. Tomaten schälen, vierteln, Kerngehäuse entfernen und auf ein Blech legen.
5. Mit Salz und den restlichen Zutaten würzen.
6. 4 bis 5 Stunden bei 90 °C im Backrohr ziehen lassen.
7. Sind die Tomaten »geschmolzen«, können sie entweder warm als Gemüsebeilage oder kalt als Antipasta gereicht werden.

Tipp

Wer einen Vorrat an Ofentomaten anlegen will, gibt sie einfach in einen Behälter und bedeckt sie mit einem guten Olivenöl. Das Öl lässt sich später sehr gut zum Marinieren von Käse und Salaten verwenden, da es wundervoll den Geschmack der Tomaten angenommen hat.

1 kg Fleischtomaten (San Marzano)
15 Petersilieblätter
100 g Schalotten
1/2 l Apfelessig
1/4 l Wasser
1 EL Pfefferkörner
1 EL Senfkörner
Prise Meersalz
Zitronenzesten

Eingelegte Tomaten

1. Essig mit den restlichen Zutaten (außer Petersilie) aufkochen.
2. Tomaten darin ca. 5 Minuten kochen.
3. Tomaten herausnehmen und mit Petersilie schichtweise in ein Einmachglas geben.
4. Mit dem Essigwasser aufgießen, das Glas mit dem Dichtungsgummi schließen und ca. 40 Minuten in einem Wasserbad aufkochen. Die Flüssigkeit muss dabei die Tomaten bedecken. Die Tomaten sind so mehrere Monate lang haltbar.

Grillfinessen

Tipps

Fleisch einen Tag vor dem Grillen marinieren.

Beim Marinieren Salz weglassen, erst das fertig gegrillte Fleisch salzen.

Vorbereitetes Fleisch, das übrig geblieben ist, in ein neutrales Speiseöl einlegen: So ist es noch einige Tage lang haltbar, im Idealfall bis zum nächsten Wochenende.

Beim Grillen dickere Fleischstücke nehmen, damit das Gargut nicht zu trocken wird.

Mit viel Hitze angrillen, danach den Rost heben und bei mittlerer Hitze weitergrillen. Ist das Fleisch fertig gegart, mit Nussbutter bepinseln (siehe Seite 87).

Rind, Kalb und Wild kann blutig bis rosa gegrillt werden; Geflügel, Schwein, Meeresfrüchte und Fisch immer gar grillen.

Cajun-Gewürz

3 EL weiße Pfefferkörner
3 EL schwarze Pfefferkörner
3 EL Cayennepfeffer
1 EL Knoblauchpulver
2 EL Zwiebelpulver
2 TL Thymian
1 TL Senfpulver
1/2 TL Fenchel gemahlen
1/2 TL Kreuzkümmel

Alle Zutaten in einem Mörser vermahlen. Für 4 Portionen Fleisch 1 EL Würzmischung verwenden.
Ideal für Rindersteaks, Geflügel oder Spareribs.

Honigglasur

3 TL Cajun-Gewürz (siehe vorhergehendes Rezept)
3 EL Dijonsenf
5 EL flüssiger Honig
2 EL Apfelessig oder Orangensaft

Alle Zutaten miteinander in einem Mörser vermengen. Ideal zu Schweinekoteletts, Schweinerippchen oder Geflügel.

Tipp

Während des Grillens zusätzlich mit Glasur bestreichen.

Achiote-Gewürz

3 EL Annattosamen
2 EL Oregano
2 EL Kreuzkümmelsamen
2 EL Koriandersamen
1 EL schwarze Pfefferkörner
6 Nelken
1 EL Piment gemahlen
1/2 EL Zimt gemahlen

1. Annattosamen im Steinmörser zu Pulver reiben.
2. Übrige Gewürze in einer Pfanne rösten und abkühlen lassen.
3. Alles mischen und fein mahlen.

Für 4 Portionen Fleisch 2 EL Würzmischung verwenden. Wird vor allem zu Meeresfrüchten, Scampi und Fisch verwendet, passt jedoch auch hervorragend zu Geflügel.

Blechgemüse

2 kleine Zucchini
1 Aubergine
2 rote Paprika
2 gelbe Paprika
1 Fenchelknolle
1 Rosmarinzweig
2 Knoblauchzehen
2 EL schwarze Oliven
Meersalz
Pfeffer aus der Mühle
Zitronenzesten
Olivenöl extra vergine

Ofengemüse

1. Gemüse ungeschält in mundgerechte Stücke schneiden.
2. Mit allen anderen Zutaten auf ein Backblech legen.
3. Mit reichlich Olivenöl beträufeln und würzen.
4. 40 bis 45 Minuten bei 180 °C im Backofen garen.

Auberginen-Balsamicogemüse

2 große Auberginen
Olivenöl extra vergine
Aceto Balsamico (am besten ein etwas älterer 5-Stern-Balsamico)
1 Knoblauchzehe
Meersalz
Pfeffer aus der Mühle
Zitronenzesten
Thymian

1. Auberginen in 5 mm dicke Scheiben schneiden und auf ein Blech legen.
2. Mit reichlich Olivenöl und Balsamico beträufeln und mit Gewürzen bestreuen.
3. 40 bis 45 Minuten bei 180 °C im Backofen schmoren.

Ofenkartoffeln

800 g festkochende Kartoffeln (Heurige oder Grenaille mit dünner Schale eignen sich am besten)
Meersalz
Pfeffer aus der Mühle
1 Rosmarinzweig
1 Thymianzweig
4 Knoblauchzehen
Olivenöl extra vergine

1. Kartoffeln sehr gut mit sauberer Bürste waschen und halbieren.
2. Mit Gewürzen bestreuen und mit Olivenöl beträufeln.
3. 35 bis 40 Minuten bei 180 °C im Backofen garen.

Dies ist im Hinblick auf das Aroma die beste Garmethode bei Kartoffeln, da ihnen das Wasser entzogen wird und der Geschmack bleibt!

Eingemachtes

800 g Kürbis geschält (salzen und über Nacht ziehen lassen)
150 g geschälte Äpfel
250 g geschälte Birnen
200 g gelbe Paprika ohne Kern
120 g rote Paprika ohne Kern
400 g geschälte Ananas
200 g rote Zwiebeln
1 Mango
4 Knoblauchzehen
20 g geriebener Ingwer
2 gehackte Chilischoten
2 Lorbeerblätter
1 Sternanis
3 Nelken
200 ml Obstessig
2 EL Tomatenmark
4 Kumquats in Scheiben
Salz
Frischer Pfeffer aus der Mühle
Muskatnuss

Kürbis-Chutney

1. Obst und Gemüse in möglichst gleich große Stücke schneiden und in einen großen Topf geben – ca. 3 Stunden auf kleiner Flamme kochen.
2. Heiß in Einmachgläser einfüllen und diese schließen.
3. Nach ca. 1 Stunde die Gläser umdrehen und auf dem Kopf stehend auskühlen lassen. So entsteht ein Vakuum und das Chutney ist monatelang haltbar.

Orangen-Riesling-Safran-Marmelade

1 kg Orangen
600 g Gelierzucker »2:1«
5 EL Zitronensaft
20 g gehackter, frischer Ingwer
1/8 l Riesling
2 g Safranfäden
Prise Meersalz

1. Orangen mit warmem Wasser gut waschen.
2. Die Hälfte der Orangen mit einem Kartoffelschäler schälen und die Schale in feine Streifen schneiden.
3. Die Schalen mit dem Weißwein aufkochen und zur Seite stellen.
4. Orangenfruchtfleisch in 2 cm große Stücke schneiden.
5. Fruchtfleisch mit Zitronensaft, Ingwer, Safran, Zucker und Salz aufkochen und 3 bis 4 Minuten kochen lassen.
6. Die Orangenschalen in Weißwein dazugeben und wieder gut aufkochen.
7. Das Ganze in gut gewaschene Einmachgläser füllen, schließen und auf dem Kopf stehend erkalten lassen.

Oliventapenade

500 g schwarze Oliven ohne Kern
200 ml Olivenöl extra vergine
1 TL Kapern
2 Sardellenfilets
Prise Meersalz
Gehackter Thymian
Zitronenzesten

Die gesamten Zutaten pürieren und in Einmachgläser füllen. Mit Olivenöl extra vergine bedecken und schließen. Ideal zu frisch gebackenem Brot, Käse, Grillgerichten oder Fisch.

Herbst

Heimatliebe geht durch den Magen

Heimat bist du großer Früchte, der Herbst bringt es überdeutlich an den Tag. Die Augen und die Vorratskammern quellen vor Freude über. Prall und kess zwinkern die Äpfel von den Bäumen und die Rüben von den Feldern und wollen sich pflücken lassen.

Doch angesichts dieser Fülle verliert der Mitteleuropäer nicht den Verstand, sondern denkt an bevorstehende kargere Zeiten. Das Realitätsprinzip lässt ihn an morgen denken, denn auch dort will er weiter aus dem Vollen schöpfen können.

Drum kommen nur die Schlechten ins Kröpfchen, die Guten aber ins Töpfchen und die werden eingemacht. Haltbar machen heißt veredeln. Nicht industriell ruiniert, sondern mit überlieferten Methoden verfeinert wollen die Mittel werden, die uns das Leben jeden Tag aufs Neue schenken.

Die frische, klare Luft des Herbstes lässt wieder klarer sehen. Ziele rücken ins Blickfeld und nach dem Müßiggang des Sommers regt sich wieder die Kraft, Neues in die Hand zu nehmen und Begonnenes zu vollenden.

Dem ausgeprägten Reifegrad der Früchte, die Mutter Erde nun offeriert, entspricht auch das, was die Kochtöpfe und Pfannen verlässt. Ausgereifte Spätwerke aus dem Zusammenwirken von Natur, Kochkunst und Liebe. So schmeckt Heimat.

Herbstmenü

Pilzravioli mit Salbei-Nuss-Butter

Kartoffel-Topinambur-Püree mit Hirschragout und Apfel-Holunder-Blaukraut

Kürbiskernparfait mit Birnenkompott

Pilzravioli mit Salbei-Nuss-Butter

Das Rezept ist für einen Vorrat an Ravioli gedacht: die Ravioli lassen sich nach dem Kochen problemlos einfrieren. Aus dem Gefrierfach einfach aufs Backblech, mit Sahne beträufeln und 8 bis 10 Minuten bei 200 °C in den Backofen – fertig!

300 g griffiges Mehl
2 Eier
4 Eigelb
1 Schuss Olivenöl
Prise Salz

Ravioliteig
1. Zutaten mindestens 15 Minuten gut miteinander verkneten.
2. Den Teig dann mindestens 12 Stunden an einem kühlen Ort ruhen lassen.

200 g Mischpilze der Saison (Champignons, Kräuterseitlinge, Steinpilze, Pfifferlinge)
40 g gewürfelte Schalotten
20 g Petersilie
Zitronenzesten
30 g gehackte Walnüsse
20 g Semmelbrösel
125 g Ricotta
3 Eier
100 g geriebener Parmesan
Salz
Pfeffer
Gemahlener Koriander

Füllung

1. Pilze mit Schalotten anschwitzen.
2. Gehackte Petersilie dazugeben.
3. Mit etwas Weißwein ablöschen – würzen und erkalten lassen.
4. Pilzmischung mit den restlichen Zutaten vermengen und 1/2 Stunde in den Kühlschrank stellen.
5. Füllung danach rasch verarbeiten, da mit rohen Eiern gearbeitet wird. Wenn Ravioli auf Vorrat gemacht werden, müssen sie nach dem Kochen eingefroren werden!
6. Wie die Ravioli geformt werden, ist auf Seite 85 zu sehen.
7. Die Ravioli in Salzwasser ca. 5 Minuten kochen.

---

250 g Butter
50 g gehackte Walnüsse
8 Salbeiblätter
Salz

Salbei-Nussbutter

1. Butter in einer Pfanne bei mittlerer Hitze braun werden lassen.
2. Nüsse und Salbeiblätter mitrösten, salzen und die bereits gekochten Ravioli darin schwenken.

Kartoffel-Topinambur-Püree mit Hirschragout und Apfel-Holunder-Blaukraut

800 g mehlige, gekochte, geschälte Kartoffeln
200 g gekochte, geschälte Topinambur
1/4 l Milch
Rosmarin
Salz
Pfeffer
Muskatnuss
50 g Butter

Kartoffel-Topinambur-Püree

1. Kartoffeln und Topinambur so weich kochen, dass sie leicht durch die Kartoffelpresse gehen.
2. Milch mit Rosmarin, Salz, Pfeffer und einer Prise geriebener Muskatnuss aufkochen.
3. Die heißen Kartoffeln und Topinambur durch die Kartoffelpresse drücken.
4. Rosmarin aus der heißen Milch nehmen und unter die gepresste Kartoffel-Topinambur-Masse heben.
5. Zum Schluss kalte Butter einrühren.

Wildfond und Hirschragout
Für beide Rezepte werden insgesamt 1,5 kg Hirschschulter oder -keule benötigt. Nach dem Parieren ergibt das etwa 1,1 kg Fleisch sowie 400 g Knochen für den Fond.

Wildfond

400 g Wildknochen und Parüren (aus Schulter oder Keule ausgelöst)
40 g Karotten
40 g Gelbe Rüben
40 g Knollensellerie
40 g Petersilienwurzel
40 g Lauch
40 g Stangensellerie
60 g Zwiebeln
1 EL Olivenöl
10 g Tomatenmark
1 Lorbeerblatt
4 Wacholderbeeren
2 Thymianzweige
1 Rosmarinzweig
Salz
6 Pfefferkörner
1/2 l Rotwein
1 l Wasser

1. Knochen und Parüren scharf anbraten.
2. Gemüse waschen, schälen und in ca. 1,5 bis 2 cm dicke Stücke schneiden.
3. Wurzelgemüse dazugeben und mitrösten, bis alles schön braun ist.
4. Stangensellerie, Zwiebeln und Lauch dazugeben und ebenfalls mitrösten, bis alles eine dunkelbraune Farbe annimmt.
5. Tomatenmark und Gewürze (außer Salz) beifügen und kurz mitrösten.
6. Mit Rotwein ablöschen.
7. Kurz Hitze reduzieren und dann mit Wasser auffüllen.
8. Ca. 2 bis 3 Stunden leicht köcheln lassen und dabei den Schaum immer wieder abschöpfen.
9. Danach den Fond durch ein Sieb abseihen und mit Salz und Pfeffer abschmecken.

Tipp
Wer ein Rezept für Kalbs- oder Rinderfond benötigt, ersetzt die Wildknochen und -parüren einfach mit Kalbs- oder Rindsknochen und -parüren.

1,1 kg Fleisch aus Schulter oder Keule (siehe oben)
80 g Zwiebeln
30 g Karotten
30 g Gelbe Rüben
30 g Knollensellerie
30 g Petersilienwurzel
30 g Lauch
2 EL Preiselbeermarmelade
2 Lorbeerblätter
4 Pimentkörner
8 Pfefferkörner
4 Wacholderbeeren
2 Thymianzweige
1 Rosmarinzweig
200 ml Rotwein
1/2 Zimtstange

Hirschragout

1. Fleisch in gleichförmige, 3 cm dicke Stücke schneiden.
2. Gemüse waschen, schälen und in ca. 1,5 bis 2 cm dicke Stücke schneiden.
3. Fleisch scharf anbraten.
4. Zuerst Wurzelgemüse dazugeben, danach Zwiebeln und Lauch. Alles mitrösten, bis es dunkelbraun wird.
5. Preiselbeermarmelade dazugeben und kurz mitrösten.
6. Gewürze beigeben und kurz mitrösten.
7. Mit Rotwein ablöschen und danach den Wildfond dazugeben.
8. 1 1/2 Stunden leicht köcheln lassen.
9. Das Ganze durch ein Sieb passieren und die Fleischstücke herausnehmen.
10. Diese Sauce nochmals ein bisschen reduzieren, gegebenenfalls binden (Maisstärkepulver und Wasser verrühren und in die kochende Sauce einrühren) und abschmecken.
11. Das Fleisch *ohne* Gemüse wieder in die Sauce geben.
12. Am besten schmeckt ein Ragout, wenn man es mindestens einen Tag lang ziehen lässt – d.h. im Kühlschrank zugedeckt aufbewahrt.

1 kg Blaukraut
2 Zwiebeln
1 EL Gänseschmalz
1/8 l Rotwein
40 ml Crème de Cassis
10 ml Rotweinessig
2 Pimentkörner
4 Nelken
1/2 Zimtstange
6 Äpfel
4 EL Preiselbeermarmelade
Salz, Pfeffer

Apfel-Holunder-Blaukraut

1. Blaukraut vierteln, Strunk entfernen und feinblättrig schneiden (am besten mit einer Küchenmaschine!).
2. Zwiebeln ebenfalls blättrig schneiden.
3. Gänseschmalz in einem großen Topf erhitzen und die Zwiebeln darin glasig anschwitzen (dürfen keine Farbe annehmen).
4. Blaukraut dazugeben und mitanschwitzen.
5. Äpfel schälen, vierteln und entkernen. Feinblättrig schneiden und ins Blaukraut geben.
6. Mit Rotwein, Crème de Cassis und Rotweinessig ablöschen.
7. Gewürze und Preiselbeermarmelade dazugeben und ca. 1 1/2 bis 2 Stunden zugedeckt köcheln lassen.

Tipp

In vielen Rezepten wird das Blaukraut vor dem Kochen noch mariniert. Am besten schmeckt es allerdings, wenn man ein qualitativ hochwertiges Blaukraut verwendet, ohne es vorher in eine Marinade einzulegen.

Kürbiskernparfait mit Birnenkompott

1 Ei
2 Eigelb
50 g Zucker
Prise Salz
1 Vanilleschote
4 TL Kernöl
4 TL Zuckersirup
1/4 l Sahne
20 g Kürbiskerne

Kürbiskernparfait
1. Sahne halbfest schlagen.
2. Kürbiskerne rösten und zerkleinern.
3. Alle Zutaten außer Sahne und Kürbiskerne in einer Schüssel auf einem Wasserbad (ca. 75 °C) mit einem Kochlöffel rühren.
4. Sahne und Kürbiskerne unterheben.
5. Masse in eine mit Frischhaltefolie ausgelegte Terrinenform füllen und mindestens 12 Stunden in den Gefrierschrank (-18 °C) stellen. Die Folie erleichtert später das Stürzen.

800 g Birnen (idealerweise Williams)
1/2 l Wasser
300 g Zucker
3 Stück Sternanis
1 TL Fenchelsamen
1/2 TL Pimentkörner
1 Zimtstange
Prise Salz
1 Vanilleschote (Mark)

Birnenkompott
1. Birnen schälen und in je 8 Teile schneiden. Die Birnen gleich nach dem Schälen in kaltes Wasser mit Zitronensaft legen, damit sie nicht braun werden.
2. Wasser mit dem Zucker aufkochen, bis keine Kristalle mehr vorhanden sind.
3. Gewürze beigeben und nochmals aufkochen.
4. Birnenspalten dazugeben und ca. 5 Minuten leicht köcheln lassen.
5. Von der Herdplatte nehmen und erkalten lassen.
6. Vor dem Servieren nochmals kurz die Birnensauce aufkochen und die Spalten darin schmoren.

Pilze

4 Schalotten
50 g Karotten
50 g Sellerie
1 l Geflügel- oder Gemüsefond
1/8 l Weißwein
25 ml Noilly Prat
200 ml Sahne
40 g kalte Butter
1 Knoblauchzehe
200 g Waldpilzmischung (Champignons, Egerlinge, Kräuterseitlinge ...)

Pilzschaumsuppe

1. Schalotten vierteln, Karotten und Sellerie würfelig schneiden, Knoblauch klein würfelig schneiden.
2. Butter in einem großen Topf zerlassen.
3. Gemüse, Knoblauch und Pilze glasig anschwitzen.
4. Mit Weißwein und Noilly Prat ablöschen und kurz einköcheln lassen.
5. Sahne dazugeben und zugedeckt ca. 1/2 Stunde kochen.
6. Mit einem Stabmixer pürieren und durch ein Sieb passieren.
7. Nochmals aufkochen und mit kalter Butter aufmixen.

Tipp

Ideal als Einlage sind sautierte Waldpilze.

Waldpilzrisotto

50 g Butter
60 g Schalotten
150 g Waldpilze (Egerlinge, Pfifferlinge, Champignons, Pioppini ...)
400 g Risottoreis (am besten die Sorte Carnaroli)
150 ml Weißwein
50 ml Noilly Prat
1 l Fleisch- oder Gemüsebrühe
1 EL Trüffelbutter
1 EL geriebener Parmesan

1. Schalotten würfeln.
2. In einem großen Topf 20 g Butter zerlassen.
3. Schalottenwürfel und Pilze anschwitzen (ohne Farbe).
4. Reis bei mittlerer Hitze dazugeben und unter ständigem Rühren die Körner mitschwitzen, bis sie glasig werden.
5. Mit dem Weißwein und Noilly Prat ablöschen und bei mittlerer Hitze weiterrühren, bis der Reis die Flüssigkeit weitgehend aufgenommen hat.
6. Etwas heiße Fleischbrühe angießen, und dabei ständig rühren. Erst nachgießen, wenn die Brühe fast aufgesogen ist.
7. Den Risotto 12 bis 15 Minuten kochen, salzen.
8. 30 g Butter, Trüffelbutter und Parmesan untermengen.

Kartoffel

Die uns aus dem Alltag bekannten kultivierten Kartoffeln stammen von verschiedenen Sorten ab, die hauptsächlich in den südamerikanischen Anden vorkamen und -kommen. Die ältesten Spuren wilder Kartoffeln reichen ca. 13.000 Jahre zurück.

Wie die heute so beliebte Knolle den Weg nach Europa fand, ist nicht eindeutig geklärt. Gewöhnlich wird davon berichtet, dass 1555 die Kartoffel aus den Anden nach Spanien kam.

Zuerst aber wurde sie wegen ihrer Blüten als Zierpflanze angesehen und in botanische Gärten aufgenommen. Mitte des 16. Jahrhunderts tauchte sie auch in anderen Teilen Europas auf, etwa in den Niederlanden, in Italien und im Burgund. In Deutschland ist sie erstmals unter der Regierung Karl V. dokumentiert, hier soll sie zuerst in Bayern angebaut worden sein.

Außer in tropischen und arktischen Zonen werden Kartoffeln heutzutage weltweit kultiviert. Sie wurden überall dort zu einem Grundnahrungsmittel, wo die Europäer später Fuß fassten.

Einige empfehlenswerte Kartoffelsorten

Weltweit gibt es tausende Kartoffelarten. Sie sind für verschiedenste Zwecke und Anbaugebiete gezüchtet worden. Ständig werden weitere Sorten entwickelt und aufgrund des Sortenschutzes auch wieder vom Markt genommen. Man unterscheidet sie vornehmlich nach Aussehen, Augen, Fleischfarbe, Kochverhalten und natürlich nach Geschmack.

Agata

Ihre Knollen sind kurzoval und ziemlich groß, wobei die Augen flach sind. Die Farbe des Fruchtfleisches ist hellgelb. Sie wird im Allgemeinen für den frischen Verzehr verwendet, nicht für die Einlagerung.

Ditta

Die Ditta verkörpert das, was man unter einer geschmacklich hochwertigen Salzkartoffel versteht. Sie besitzt eine stabile Speisequalität, hat einen besonders feinen Geschmack und ist festkochend.

Sieglinde

Eine exzellente Salatsorte, die beim Kochen ihre Form und ihre schöne gelbe Farbe behält. Festkochend.

Leyla

Ist geschmacklich absolute Spitze. Ihr tiefgelbes Fleisch und ihre wunderschöne Knollenform mit glatter Schale haben dieser Sorte eine große Fangemeinde beschert. Feinschmecker wissen sie als das »Marzipan« unter den Kartoffeln zu schätzen. Vorwiegend festkochend.

Karlena

Hat rundovale Knollen mit einer genetzten, gelben Schale. Mit ihren flachen Augen und ihrer hellgelben bis gelben Fleischfarbe hat sie im Haushalt und beim Großverbraucher viele Anhänger gefunden. Mehlig.

Kartoffelpüree

700 g mehlige Kartoffeln
Prise Salz
Prise frisch geriebene Muskatnuss
50 g Butter
150 ml Milch

1. Die ungeschälten Kartoffeln in Wasser kochen.
2. Wenn die Kartoffeln wirklich durch sind – sie dürfen auch leicht verkocht sein –, abseihen und ausdampfen lassen.
3. Noch sehr warm schälen und durch eine Kartoffelpresse drücken.
4. Die Milch mit den Gewürzen aufkochen und unter die ausgepressten Kartoffeln ziehen.
5. Kalte Butter unter die Kartoffelmasse ziehen und die Masse durch ein Mehlsieb passieren.

Kartoffelgratin

200 ml Sahne
500 g Kartoffeln, vorwiegend festkochend
1 EL Butter
Butter zum Ausfetten der Form
Prise Salz
Pfeffer
Muskatnuss
Parmesan
Rosmarin
Thymian
Lorbeer

1. Die rohen Kartoffeln schälen und sofort in kaltes Wasser geben (so werden sie nicht braun).
2. Sahne mit Gewürzen gut abschmecken und aufkochen.
3. Kartoffeln in Scheiben schneiden und in eine ausgebutterte Form schichten.
4. Mit so viel Sahne übergießen, dass noch die Spitzen herausschauen.
5. Mit Parmesan bestreuen und ca. 1/2 Stunde bei 180 °C im Ofen backen.

Kartoffelteig (Kartoffelknödel, Kartoffelroulade)

1 kg mehlige Kartoffeln
140 g Mehl
1 EL Maisstärke
Prise Salz
Prise Muskatnuss
2 Eier Größe M

1. Die ungeschälten Kartoffeln in reichlich Wasser kochen.
2. Wenn die Kartoffeln wirklich durch sind – dürfen auch leicht verkocht sein –, abseihen und ausdampfen lassen.
3. Noch sehr warm schälen und durch eine Kartoffelpresse drücken.
4. Mit den restlichen Zutaten vermengen und nicht zu fest kneten.
5. Teig zu Knödeln oder Kartoffelroulade verarbeiten.
6. In leicht gesalzenem Wasser ca. 15 Minuten kochen.

Teige

Teige sind bekanntermaßen die Basis vieler Gerichte in der mitteleuropäischen Küche. Im Folgenden finden sich einige wichtige Grundrezepte. Vom Brotteig über den Nudelteig bis zum Kartoffelteig lassen sich die folgenden Rezepte perfekt in die Alltagsküche einbeziehen!

Focaccia

550 g glattes Mehl
1/4 l Wasser
1/4 l Olivenöl
42 g Hefe (1 Würfel)
40 g braune Butter
1 TL Meersalz

1. Zutaten miteinander verkneten (mit Küchenmaschine).
2. Mindestens 1/2 Stunde an einem warmen Ort gehen lassen.
3. Fladenbrote formen, mit Salz und Kräutern bestreuen.
4. 15 bis 20 Minuten bei 200 °C im Ofen backen.

Pizzateig (auch für Grissini)

30 g Hefe
1/8 l Wasser
500 g glattes Mehl
1/2 TL Meersalz
2 EL Olivenöl

1. Zutaten miteinander verkneten (mit Küchenmaschine).
2. Mindestens 1/2 Stunde an einem warmen Ort gehen lassen.
3. Mit Nudelholz flache Pizzaböden ausrollen.
4. Mit Tomatensauce bestreichen und mit den Zutaten belegen.
5. Bei 250 °C im Ofen backen, bis die Pizza schön goldbraun ist und sich eine Kruste bildet.

Gnocchiteig

600 g mehlige Kartoffeln
2 Eigelb
20 g geriebener Parmesan
2 EL Olivenöl
40 g Maisstärke
40 g glattes Mehl
1 TL Meersalz

1. Die ungeschälten Kartoffeln in reichlich Wasser kochen.
2. Wenn die Kartoffeln wirklich durch sind – dürfen auch leicht verkocht sein –, abseihen und ausdampfen lassen.
3. Noch sehr warm schälen und durch eine Kartoffelpresse drücken.
4. Mit den restlichen Zutaten vermengen und nicht zu fest kneten.
5. Gnocchi formen.
6. In leicht gesalzenem Wasser ca. 15 Minuten kochen.

Pastateig (Grundrezept)

500 g glattes Weizenmehl (Type 00)
4 Eier
6 Eigelb
1 EL Olivenöl
1/2 TL Meersalz
Mehl zum Bestäuben

1. Zutaten gut miteinander verkneten (mit Küchenmaschine).
2. Teig mindestens 1 1/2 Stunden an einem kühlen Ort ruhen lassen.
3. Mit einer Pastamaschine oder einem Nudelholz Nudeln formen.
4. In leicht gesalzenem Wasser je nach Nudeldicke 6 bis 12 Minuten kochen.

Winter

Je frischer die Nächte, desto hungriger die Gäste

Nebel und Minusgrade machen Hunger. Die Kälte prickelt auf den Wangen und wohl dem, der nun Handschuhe, Wollmütze und Schal sein Eigen nennt. Die letzten Blätter sind gefallen, der erste Schnee liegt wie Zucker auf der Landschaft und die Winterreifen sind aufgezogen.

Die glücklichsten Menschen sind nun die, die abends in ein Haus kommen dürfen, in dem man in das Feuer eines Holzofens blicken kann – ein nicht mehr so häufig anzutreffendes Vergnügen in diesen modernen Zeiten. Das Spiel der Flammen trägt den Betrachter in eine ferne Welt, die Kraft des Feuers wärmt ihn.

Und dann riecht es nach Essen. Das Wasser läuft einem im Mund zusammen und man erinnert sich wieder an den Hunger, den man schon zuvor gehabt hatte.

Wie das Feuer von außen so wärmt das Essen nun von innen. Heiße Suppen dampfen roten Nasen entgegen. Deftiges aus Pfanne und Ofen ersetzt die im Kampf gegen die Kälte verpufften Energien.

Aroma und Kalorien bringen Körper und Laune wieder auf Vordermann. Der Winter mag garstig sein wie er will. Wir vertreiben ihn täglich mit gutem Essen.

Wintermenü

Berglinsen-Schaumsuppe mit Apfelbalsamessig
und Waldhonig

Regenbogenforelle, Saibling und Zander
im Safran-Gemüsefond

Edelbitterschokoladen-Soufflé mit
Quitten-Ingwer-Confit

Berglinsen-Schaumsuppe mit Apfelbalsamessig und Waldhonig

300 g Berglinsen (über Nacht in kaltem Wasser eingeweicht)
40 g Karotten
40 g Sellerie
60 g Schalotten
1 l Hühner- oder Gemüsefond
40 g Bauchspeck
1 EL Olivenöl
40 g Butter
1 EL Dijonsenf
150 ml Rotwein
200 ml Sahne
4 EL Waldhonig
4 EL Apfelbalsamessig
Prise Salz
Pfeffer
gemahlener Koriander
2 Thymianzweige
1 Rosmarinzweig
40 g kalte Butter

Berglinsen-Schaumsuppe
1. Karotten, Sellerie und Schalotten schälen und kleinwürfelig schneiden.
2. Bauchspeck kleinwürfelig schneiden.
3. In einem großen Topf Butter und Olivenöl erhitzen.
4. Speck darin anschwitzen.
5. Schalotten, Linsen und Gemüse dazugeben und mitschwitzen.
6. Mit Rotwein ablöschen.
7. Hühnerfond und Sahne beigeben.
8. Restliche Zutaten bis auf die Butter dazugeben und ca. 1 1/2 Stunden köcheln lassen.
9. Mit einem Stabmixer pürieren.
10. Durch ein Sieb abseihen.
11. Kurz einköcheln lassen.
12. Abschmecken und mit kalter Butter nochmals aufmixen. Die Suppe erhält dadurch eine schöne sämige Konsistenz.

Regenbogenforelle, Saibling und Zander im Safran-Gemüsefond

1,5 l Fisch- oder Gemüsefond
80 g Karotten
80 g Sellerie
80 g Lauch
80 g Stangensellerie
80 g Gelbe Rüben
80 g Fenchelknolle
1 Zwiebel
4 g Safran
2 EL Pernod
2 EL Korianderkörner
2 EL weiße Pfefferkörner
2 Lorbeerblätter
1 EL Fenchelsamen
1 Messerspitze Chilipulver
Gemahlener Koriander
Salz

Safran-Gemüsefond

1. Gemüse waschen, schälen und in kleine, ca. 5 mm große Würfel schneiden.
2. Fond erhitzen, kurz köcheln lassen, Pernod und Safran dazugeben.
3. Gewürzsäckchen dazugeben: alle Gewürze in ein Säckchen binden und dieses mitkochen. Das hat den Vorteil, dass man anschließend das Säckchen wieder herausziehen kann.
4. Die Zwiebel teilen und in einer Pfanne ohne Fett dunkel rösten.
5. Geröstete Zwiebel in den Fond geben.
6. Gemüse in den Fond geben.
7. Ca. 10 bis 15 Minuten köcheln lassen.

300 g Forellenfilet
300 g Zanderfilet
300 g Saiblingsfilet
1/2 Bund Dill
1 EL Olivenöl

Einlage
1. Filets in ca. 1,5 cm dicke Streifen schneiden. Wahlweise mit oder ohne Haut, mit ist es dekorativer!
2. Dill waschen, zupfen und hacken.
3. Fond aufkochen.
4. Fischstreifen in Fond geben und ca. 10 Minuten ziehen lassen.
5. Am Schluss Dill dazugeben und servieren.
6. Ein Schuss gutes Olivenöl beim Servieren verbessert den Geschmack.

Tipps

Besonders frischen regionalen Fisch verwenden.

Der Fisch darf in der Mitte ruhig noch ein bisschen roh sein!

1 Ciabattabrot
Olivenöl
1 EL gehackter Knoblauch
2 EL gehackte Petersilie
Prise Meersalz

Beilage: Ciabatta-Brotscheiben
1. Ciabatta-Brotscheiben (ersatzweise Baguette oder anderes Weißbrot) mit Olivenöl einstreichen.
2. Mit gehacktem Knoblauch und Petersilie bestreuen.
3. Im vorgeheizten Backrohr bei 200 °C hellbraun backen.

Edelbitterschokoladen-Soufflé mit Quitten-Ingwer-Confit

200 g Edelbitterschokolade
200 g Butter
4 ganze Eier
145 g Puderzucker
45 g glattes Mehl

Tipp

Diese Souffléart lässt sich ideal auf Vorrat machen. Wichtig ist nur, dass das Soufflé Zimmertemperatur hat, bevor es in den Ofen kommt, weil es andernfalls zu dunkel wird.

Schokoladensoufflé

1. Edelbitterschokolade in einer Metallrührschüssel über Wasserdampf auflösen.
2. Schokolade und Butter mit einem Mixer oder in einer Küchenmaschine richtig gut schaumig schlagen.
3. Nach und nach die Eier beigeben und dabei nicht vergessen, dass die Masse viel Luft braucht.
4. Puderzucker und Mehl vermischen und sieben.
5. Zucker-Mehl-Mischung vorsichtig unter die Masse heben.
6. Feuerfeste Förmchen (oder backofenfeste Gläser) gut ausbuttern und gleichmäßig mit Kristallzucker ausstreuen.
7. Die Förmchen zur Hälfte mit der Masse füllen und ca. 25 Minuten bei 200 °C im Ofen backen.

400 g Quitten
30 g frischer Ingwer
300 ml Wasser
250 g Zucker
25 ml Zitronensaft
1 Sternanis

Tipp

Dieses Confit lässt sich auch auf Vorrat zubereiten. In diesem Fall Einmachgläser verwenden, Masse kochend heiß in Gläser abfüllen, nach 5 Minuten auf den Kopf stellen und auskühlen lassen.

Quitten-Ingwer-Confit

1. Quitten schälen, entkernen und würfelig schneiden.
2. Ingwer schälen und würfelig schneiden.
3. Wasser und Zucker mit Zitronensaft und Sternanis aufkochen und Früchte dazugeben.
4. Zugedeckt ca. 1/2 Stunde köcheln lassen.
5. Mit einem Stabmixer passieren und in Gläser abfüllen.

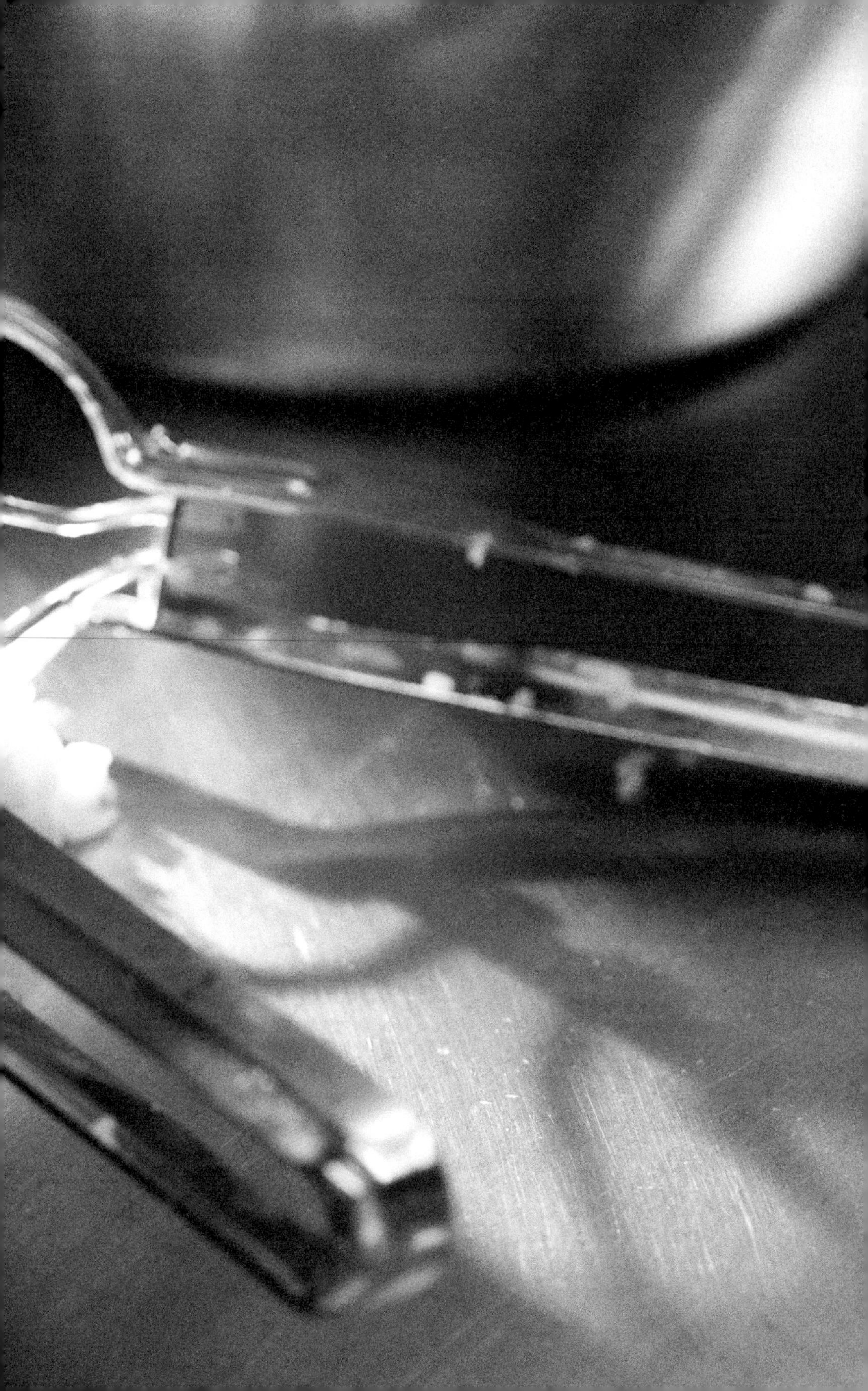

Suppen

1,5 kg Rinderknochen
2 Zwiebeln
4 Karotten
1/2 Sellerieknolle
1 Lauchstange
2 Gelbe Rüben
2 Petersilienwurzeln
1 EL Wacholderbeeren
4 Lorbeerblätter
1/2 Bund Blattpetersilie
1/2 Bund Liebstöckel
Prise Salz
Pfeffer aus der Mühle

Bouillon – klassische Rinderbrühe

1. Knochen blanchieren (kurz auskochen) und abschrecken.
2. Zwiebeln halbieren und in einer beschichteten Pfanne mit wenig Öl dunkel braten.
3. Gemüse schälen und in ca. 1 cm große Stücke schneiden.
4. Die kalten blanchierten Knochen mit dem Gemüse und den Gewürzen in einem großen Topf mit eiskaltem Wasser langsam erhitzen, bis es köchelt.
5. Die Suppe auf kleiner Flamme ca. 1 1/2 Stunden leicht köcheln lassen.
6. Dabei immer wieder den entstehenden Schaum mit einem Schöpfer entfernen.
7. Suppe abseihen und in einem Topf kurz aufkochen – abschmecken.

Tipp

Braten Sie die Zwiebelhälften langsam in einer beschichteten Pfanne mit wenig Fett dunkelbraun und Sie werden den typischen Geschmack und die schöne Farbe der Bouillon erhalten.

200 g Karotten
200 g Kartoffeln
200 g Sellerie
200 g Zucchini
140 g Zwiebeln
240 ml Weißwein
1200 ml Gemüsebrühe
6 EL Parmesan
1 EL reifer Balsamicoessig
Prise Muskat
Prise Peperoncino
Prise Meersalz
Prise weißer Pfeffer
1 EL Sardellenpaste
50 g Tomatenmark doppelt konzentriert
1/2 Bund Petersilie glatt
1/2 Bund Majoran (oder Oregano)
2 Knoblauchzehen
50 ml Olivenöl
50 g Reis oder kleine Nudeln als Einlage

Minestrone

1. Karotten, Kartoffeln, Sellerie und Zucchini würfeln. Gemüse in möglichst gleich große Stücke schneiden (ca. 1 cm große Würfel).
2. Gemüse in einem großen Topf leicht anschwitzen – es darf keine Farbe bekommen.
3. Mit Tomatenmark vermengen und kurz mitrösten. Nicht zu lange, sonst wird die Suppe bitter.
4. Mit Weißwein ablöschen und Alkohol verdampfen lassen.
5. Gemüsebrühe dazugeben und alles aufkochen.
6. Gewürze in die Suppe geben und alles ca. 1 1/2 Stunden köcheln lassen.
7. 15 Minuten vor dem Servieren den Reis mitkochen. Wer Nudeln verwenden will, muss einfach deren Kochzeit beachten und sie entsprechend mitkochen.

Prise Fleur de Sel
3 TL Kurkuma
Prise Pfeffer frisch geschrotet
6 TL Currypulver Madras
4 EL Sojasauce
2 EL Fischsauce
1 EL dunkles Sesamöl
2 Chilischoten getrocknet
1 Bund Koriander frisch
180 g Zwiebeln fein geschnitten
4 Stangen Zitronengras geklopft und geschnitten
140 g Lauch geschnitten
60 g Ingwer geschält und geschnitten
280 ml trockener Weißwein
600 ml Hühnerfond
320 ml Kokosmilch
200 ml Sahne
Olivenöl und Butter zum Braten

Asiatische Hühnersuppe mit Kokosmilch, Zitronengras und Curry

1. Sesamöl, Butter und Olivenöl in einem großen Topf erhitzen.
2. Zwiebeln, Zitronengras, Lauch und Ingwer farblos anschwitzen.
3. Mit Weißwein ablöschen und Alkohol verdampfen lassen.
4. Hühnerfond, Kokosmilch und Sahne dazugeben und aufkochen.
5. Mit den Gewürzen vermengen und das Ganze mindestens 1 1/2 Stunden köcheln lassen.
6. Durch ein Sieb passieren und gemeinsam mit kalter Butter mittels Stabmixer aufmixen, dadurch erhält die Suppe eine noch feinere Bindung.
7. Die Suppe anrichten und mit frischen Korianderblättern dekorieren.

Rote-Beete-Schaumsuppe mit frischem Meerrettich

600 g Rote Beete
100 g Stangensellerie
100 g Butter
100 g Zwiebeln
320 ml trockener Weißwein
2 EL Weinessig oder weißer Balsamico
800 ml Gemüsebrühe
320 ml Sahne
Prise Muskat
Prise Meersalz
Prise Pfeffer weiß
Prise Kümmel
50 g frischer Meerrettich (Kren)
1 Bund Petersilie glatt
frische Kresse für die Garnitur

1. Butter in einem großen Topf erhitzen.
2. Rote Beete, Sellerie und Zwiebeln farblos anschwitzen.
3. Mit Weißwein ablöschen und die Gemüsebrühe aufgießen.
4. Alles aufkochen und die Gewürze beigeben.
5. Mindestens 1 1/2 Stunden köcheln lassen.
6. Durch ein Sieb passieren und mit kalter Butter aufmixen und abschmecken.
7. Suppe anrichten und mit frischer Kresse dekorieren.

Weihnachtsbäckerei

250 g Mehl
125 g Puderzucker
Prise Salz
1 Ei
1 TL Zimt gemahlen
2 EL Milch
150 g kalte Butter

Glasur:
1 Eigelb
2 EL Milch
40 g Mandelplättchen

Zimtplätzchen
1. Zutaten auf dem Tisch vorbereiten.
2. Kalte Butter in kleinen Stücken mit Zutaten vermengen.
3. Masse mit einem Messer zerkleinern.
4. Mit kalten Händen Teig rasch verkneten und ca. 1 Stunde im Kühlschrank ruhen lassen.
5. Danach den Teig 3 bis 4 mm dünn ausrollen.
6. Zimtplätzchen ausstechen.
7. Mit Eigelb-Milch-Mischung bestreichen und mit Mandelplättchen bestreuen.
8. 15 Minuten bei 180 °C backen.

200 g Staubzucker
3 Eiklar
250 g Datteln
120 g Mandelstifte
120 g Walnusskerne
Oblaten

Dattelberge
1. Eiklar steif schlagen.
2. Zucker unterrühren und alle Zutaten unterziehen.
3. Mit einem Löffel auf die Oblaten geben.
4. 20 Minuten bei 120 °C backen.

Tipps

Plätzchen aus unterschiedlichen Teigen immer getrennt lagern.

Am besten mit zwei Blechen gleichzeitig arbeiten: während das eine im Ofen ist, kann das andere Blech schon wieder bestückt werden.

Schokoladenmakronen

3 Eiklar
200 g Puderzucker
1 TL Zitronensaft
150 g gemahlene Mandeln
100 g geriebene Edelbitterschokolade
Zitronenzesten
2 EL Kakao
1/2 TL Zimt gemahlen

1. Eiklar steif schlagen und Zucker darunter mischen.
2. Die restlichen Zutaten unterheben.
3. Mit einem Spritzbeutel kleine Teighäufchen auf ein Backblech spritzen und mit einer geschälten Pistazie garnieren.
4. 20 Minuten bei 160 °C backen.

Heidesand

250 g weiche Butter
80 g Zucker
50 g Puderzucker
1 EL Vanillezucker
125 g geriebene Mandeln
400 g Mehl

1. Butter und Zucker schaumig schlagen.
2. Vanillezucker und Mandeln untermischen.
3. Nach und nach Mehl beigeben, bis sich ein Teig bildet.
4. Rollen von ungefähr 3 cm Durchmesser formen und in Folie packen.
5. Teig ca. 1 Stunde im Kühlschrank ruhen lassen.
6. Rollen herausnehmen und in Scheiben schneiden.
7. 20 Minuten bei 150 °C backen.
8. Durch eine Zucker-Vanillezucker-Mischung (4:1) ziehen und erkalten lassen.

Aceto Balsamico

Schon im Mittelalter kannte man in Italien den »sciroppo acetoso«, zu Essig vergorenen Sirup, der damals allerdings als Arzneimittel galt.

Während normalerweise Weiß- oder Rotwein als Ausgangsprodukt für Essig verwendet wird, beginnt die Herstellung von Aceto Balsamico mit der Vermostung weißer Trebbiano-Trauben aus Modena oder Reggio Emilia.

Der Most wird so lange erhitzt und konzentriert, bis er zu einem dunkelbraunen Sirup wird. Diesen Saft versetzt man mit altem Weinessig, um die Gärung in Gang zu setzen. Aceto Balsamico wird nicht in kühlen, temperaturkontrollierten Kellern produziert, sondern entsteht auf knarrenden Dachböden, auf denen es im Winter eiskalt und im Sommer brütend heiß wird. Diese klimatischen Widrigkeiten braucht der Aceto, um sein Volumen zu verringern. Denn aus 100 Litern Most werden schlussendlich nur zwei bis vier Liter kostbaren Essigs gewonnen!

Etwa drei Jahre dauert es, bis der Aceto Balsamico seine beiden Gärungen abgeschlossen hat: Zuerst muss sich der Zucker des Mostes in Alkohol umwandeln, dann erst können die Essigbakterien den Alkohol zu Essig werden lassen.

Doch damit ist der Aceto noch lange nicht reif. Ein guter Aceto Balsamico braucht mindestens zwölf Jahre, das höchste der Gefühle bringen 30 bis 50 Jahre Reifung!

Auf der »Acetaia« – dem »Essigdachboden« – befindet sich stets eine ganze Batterie von unterschiedlichen Fässern. Der Aceto reift nämlich nicht alleine in einem Fass, sondern wächst in einer Essigfamilie auf.

Am Ende der Batterie steht das kleinste Fass, nur etwa zehn bis fünfzehn Liter groß. Aus ihm wird der ausgereifte Balsamico in kleinen Mengen entnommen. Die fehlende Menge füllt man mit dem nächstältesten Essig aus dem zweitkleinsten Fass auf und so weiter …

Die Qualität des Aceto Balsamico erkennt man auch am Preis bzw. an der angebotenen maximalen Flaschengröße: umso kleiner die Flasche, desto hochwertiger das Produkt und desto teurer.

Balsam
6 Jahre

Balsamicoglace (zum Marinieren von kalten und warmen Speisen)

In Feinkostläden wir oft recht teuer »Balsamicoglace« angeboten. Doch handelt es sich hier meist nur um einen mit Stärke verdickten Balsamico. Selbst gemacht ist Balsamicoglace aber viel gesünder und zudem sehr einfach herzustellen:

1 l Balsamico (nicht zu teuer)

Balsamico in einem Topf auf den Herd stellen und bei mittlerer Hitze auf ein Drittel der ursprünglichen Menge reduzieren (verdampfen lassen) – fertig ist die selbst gemachte Glace!
Es können dabei natürliche Geschmacksträger wie Kräuter und Gewürze zugefügt werden, um das Aroma der Glace zu variieren.

Balsamicolinsen

200 g Linsen (grüne Berglinsen, die nicht eingeweicht werden müssen)
400 ml Hühnerfond
1/8 l Weißwein
50 g Karotten
50 g Sellerie
50 g Schalotten
1 EL scharfer Dijonsenf
2 EL Honig
30 ml Balsamicoessig
1 Thymianzweig
1 Rosmarinzweig
Prise Salz, Pfeffer und gemahlener Koriander
Olivenöl

1. Karotten, Sellerie und Schalotten würfelig schneiden.
2. Olivenöl in einem Topf erhitzen.
3. Linsen, Karotten, Sellerie und Schalotten dazugeben und anschwitzen.
4. Kräuter dazugeben und weiter bei mittlerer Hitze anschwitzen.
5. Senf und Honig unterrühren.
6. Mit Balsamico ablöschen und kurz aufkochen.
7. Hühnerfond und Weißwein dazugeben und ca. 1 Stunde köcheln lassen.
8. Linsen würzen und servieren.

Wintergewürze

Kleines Einmaleins der Wintergewürze:

Muskatblüte

Ein feines Gewürz mit einem mild-scharfen Aroma, das aus dem getrockneten Samenmantel der Muskatfrucht gewonnen wird.

Piment

Wird auch Nelkenpfeffer genannt. Hat ein fast zitrusfruchtiges, mild-scharfes Aroma. Wird sehr vielseitig eingesetzt. Angefangen von Saucen über Desserts, Suppen und Beilagen verleiht Piment vielen Gerichten eine ganz besondere Note.

Sternanis

Ist ein intensives Gewürz, dem Anis sehr ähnlich. Dennoch haben die beiden Gewürze eine unterschiedliche Herkunft. Gibt den Speisen eine orientalische Note. Sollte aber in Maßen verwendet werden.

Vanille

Wird auch Königin der Gewürze genannt. Die langen schwarzen Schoten enthalten im Innern das aromatische Vanillemark. Die besten Sorten kommen aus Madagaskar, Hawaii oder Tahiti. Angeboten werden Schoten, zu feinem Pulver gemahlene Schoten, das Markkonzentrat sowie Vanillezucker, der mit echter Vanille aromatisiert ist. Vanillezucker kann auch leicht selbst gemacht werden, indem die ausgekratzten Schoten mit Zucker in einem Mixer vermahlen und vermischt werden.

Zimt

Ist sicherlich das wichtigste Weihnachtsgewürz. Er wird in Stangen meist aus Ceylon oder bereits fein gemahlen aus China angeboten. Zimt hat seine Hauptaufgabe im Dessert- und Backbereich zu erfüllen, eignet sich aber auch für Risotto und Saucen.

Glossar

Annatto

Bezeichnung für die als Gewürz verwendeten Samen des Orleansstrauches (Bixa orellana). Andere Namen sind Achote, Bixin, Orlean, die französische Bezeichnung ist Roucou, die spanische Achiote oder Achote. Die Samen sind klein, rot und dreieckig und weisen einen erdig-bitteren Geschmack auf.

Ciabatta

Italienische Brotsorte auf Basis von Weizenmehl, Salz, Hefe (ursprünglich Weizensauerteig), Wasser und Olivenöl. Die Ciabatta hat eine ungleichmäßige, grobe Porung und kräftige Kruste. Das Aroma wird durch die lange Teigruhe von bis zu drei Stunden ausgebildet. Außerhalb Italiens werden meist industriell hergestellte, ähnliche Produkte angeboten, die selten die lange Teigruhe hatten. Übersetzt bedeutet Ciabatta »Pantoffel«, was von der flachen, breiten und lang gezogenen Form des Brotes herrührt.

Dijonsenf

Ein scharfer und fein gemahlener Senf, der nach dem europäischen Kodex aus braunen Senfkörnern hergestellt werden muss. Beim Dijonsenf wird nur der Senfkern verarbeitet und die Senfkörner werden nicht entölt, was ihm ein besonders volles Aroma verleiht.

Gelbe Rübe versus Karotte

Karotten existieren in ca. 60 Zuchtformen und Hunderten Sorten. Ihre Vorfahren waren rot, violett oder schwarz. Die orangefarbene Karotte ist eine gezielte Kreuzung. Wenn in diesem Buch von Gelben Rüben die Rede ist, sind die meist ebenfalls im Handel erhältlichen, etwas gelberen, weniger süßen Schwestern der Karotte gemeint.

Kumquats

Diese Frucht wird auch als Zwergorange bezeichnet und ist eng mit den Zitrusfrüchten verwandt. Kumquats sind pflaumenförmig, höchstens vier Zentimeter lang und besitzen eine gelb-orange Schale.

Kurkuma

Die Kurkuma oder Kurkume (Curcuma longa), auch Gelber Ingwer, Safran-, Gelb- oder Gilbwurz(el), gehört zur Familie der Ingwergewächse. Der bewurzelte unterirdische Spross ähnelt dem des Ingwers, hat jedoch intensiv gelbes Fleisch, das frisch und getrocknet als Gewürz (und Farbstoff) verwendet wird. Es enthält ätherische Öle sowie das Curcumin und wirkt anregend auf die Verdauung.

Noilly Prat
Ein französischer Wermut.

Orangenzesten
Dünn abgeschälte Schale einer unbehandelten Orange.

Parüre
Kleine Fleischstücke mit Häuten und Sehnen dran, die beim Zuschneiden des Fleisches anfallen.

Peperoncino
Kleine, getrocknete, sehr scharfe Chilischoten; oft auch in Öl konserviert.

Relish
Würzsauce aus Obst oder Gemüse.

Tapenade
Eine aus der südfranzösischen Küche stammende Olivenpaste. Hauptbestandteile sind Oliven, Anchovis und Kapern (»tapenos«). Sie wird als Brotaufstrich oder Dip verwendet.

Topinambur
Gehört zur selben Gattung wie die Sonnenblume und hat wie diese große Blätter und kräftig-gelbe, jedoch kleine Blüten. In der Küche finden allerdings nur ihre Knollen Verwendung.

Zitronenzesten
Dünn abgeschälte Schale einer unbehandelten Zitrone.

Zucchinetti
So werden von deutschsprachigen (!) Köchen kleine Zucchini genannt.

Making-of

Ein Kochbuch entsteht

Kochbücher wie dieses benötigen – gleich der Zubereitung eines leckeren Gerichts – etwas mehr Zeit und Hingabe. Lange schon hatte Frigesch Lampelmayer den Gedanken mit sich getragen, eine Publikation über gutes Essen herauszugeben, um endlich seine Talente Kochen und Essen mit seinem professionellen Können, der Food-Fotografie, glücklich zu vereinen.

Aber jedes Kind braucht mindestens zwei Elternteile, so auch ein Kochbuch. Der ideale Partner fand sich eines schönen Tages mit Michael Ritter, der in jugendlicher Frische dem Ruf des traditionellen Restaurants »Zum Verwalter« zu neuem Glanz verhilft.

Von Michael Ritters Küche verzaubert, schlug Frigesch Lampelmayer vor, gemeinsam ein Kochbuch aus der Taufe zu heben: Mit Rezepten aus dessen vorzüglicher Küche und vollgepackt mit ebenso appetitanregenden Fotos.

Fehlte noch jemand, der das Ganze in leicht verdauliche Worte fasste. Helmut Wiener, Gaumenfreuden auch nicht abgeneigt, wurde als derjenige auserkoren, der das Küchenlatein in nachkochbares Deutsch übersetzen sollte.

Und so kam es, dass in zahlreichen kulinarischen Zusammenkünften »Das kleine Buch der großen Küche« entstand. Vornehmlich in den Kochkursen von Michael Ritter, seiner sogenannten »Kochagentur«, machten sich Frigesch und Andrea Lampelmayer sowie Helmut Wiener daran, die Kochlöffel zu schwingen und gleichzeitig Bilder und Informationen einzufangen, die dazu dienen sollten, dem Leser zeitgenössische mitteleuropäische Küche aufs Schmackhafteste näher zu bringen. Die Resultate in den Kochtöpfen und Pfannen der Leser werden zeigen, ob dieses Vorhaben gelungen ist.

Michael Ritter (* 1978)
Rezepte

Inhaber und Koch des traditionsreichen Feinschmecker-Restaurants »Zum Verwalter« in Dornbirn, Österreich (1 Haube, 14 Gault-Millau-Punkte). Davor Stationen in der Spitzengastronomie in Österreich, der Schweiz und Frankreich.

www.zumverwalter.at
www.kochagentur.com

Frigesch Lampelmayer (* 1954)
Fotografie

Leidenschaftlicher Werbefotograf mit ausgeprägtem Faible für Kochkunst, gutes Essen und Trinken. Schwerpunkt Food-Fotografie mit eigenem Studio in Dornbirn, Österreich. Europaweit tätig.

www.frigesch.at

Helmut Wiener (* 1962)
Texte und Redaktion

Freischaffender Werbetexter, Autor und Kolumnenschreiber. Lebt und arbeitet zwischen ausgedehnten Reisen in Andalusien und Vorarlberg.

www.helmutwiener.com

Rezeptverzeichnis

Alle Rezepte von A – Z

Achiote-Gewürz 71
Apfel-Holunder-Blaukraut 92
Asiatische Hühnersuppe 129
Auberginen-Balsamicogemüse 75

Balsamicoglace 139
Balsamicolinsen 139
Berglinsen-Schaumsuppe 116
Birnenkompott 94
Blattsalatdressing 44
Bohnen-Schalotten-Gemüse 25
Bouillon 126

Caesar`s Dressing 44
Cajun-Gewürz 68
Ciabatta-Brotscheiben 121

Dattelberge 132
Diätsalatdressing 44

Edelbitterschokoladen-Soufflé 122
Eingelegte Tomaten 67
Erdbeeren-Joghurt-Mousse 61

Feigensenfdressing 44
Feigentapenade 58
Focaccia 109
French Dressing 44

Gebeizter Seesaibling 18
Gemüsesalatdressing 44
Gnocchiteig 110
Gorgonzoladressing 44
Grissini 109

Heidesand 135
Hirschragout 91
Honigglasur 71

Italian Dressing 44

Joghurtdressing 44

Kartoffelgratin 105
Kartoffelpüree 105
Kartoffelteig 106
Kartoffel-Topinambur-Püree 88
Kräuterdressing 44
Kräuterpesto 41
Kräuterrisotto 38
Kräuterschaumsuppe 41
Kürbis-Chutney 76
Kürbiskernparfait 94

Lammrücken 57

Milchkalbssteak 22
Minestrone 128

Ofengemüse 58
Ofenkartoffeln 75
Ofentomaten 65
Oliventapenade 79
Orangenragout 28
Orangen-Riesling-Safran-Marmelade 79

Panna cotta 26
Pastateig 110
Pilzravioli 85
Pilzschaumsuppe 98
Pizzateig 109
Polenta »Bramata« 24
Polenta sämig 33
Polentaschnitten 33

Quitten-Ingwer-Confit 122

Ravioliteig 85
Regenbogenforelle, Saibling und Zander im Safran-Gemüsefond 118
Rote-Beete-Schaumsuppe 131

Salbei-Nussbutter 87
Schokoladenmakronen 135
Senf-Relish 21
Sesamöl-Dressing 44

Tomatenessenz 52

Vinaigrette 44

Waldpilzrisotto 101
Wildfond 90
Wildkräutersalat 21

Zaletti 34
Zimtplätzchen 132

Bibliografische Information der Deutschen Nationalbibliothek
Die Deutsche Nationalbibliothek verzeichnet diese Publikation in der Deutschen Nationalbibliografie; detaillierte bibliografische Daten sind im Internet über http://dnb.d-nb.de abrufbar.

BUCHER VERLAG, Hohenems
www.bucherverlag.com

Fotografie
Frigesch Lampelmayer, Dornbirn

Gestaltung & Typografie
Angelika Wittwer, Hohenems

Bildbearbeitung
Prepressstudio Günter König, Weiler

Lektorat
Daniel Moser, Hohenems

Druck
BUCHER Druck Verlag Netzwerk, Hohenems

Bindung
Buchbinderei Burkhardt AG, Mönchaltorf/CH

Papier
Tatami white 135g/m^2

Schrift
Din von Ludwig Goller
Syntax von Hans Eduard Meier

Printed in Austria
1. Auflage, 3.000 Stück

ISBN 978-3-902612-45-8